D1715797

COLLECTION POÉSIE

MAX JACOB

Derniers poèmes

en vers et en prose

Préface
de J.M.G. Le Clézio

GALLIMARD

ISBN 2-07-032224-6

Max Jacob, ou la grâce. Si la poésie dit quelque chose à l'homme — quelque chose que ne lui disent pas le roman, ni la philosophie — ce doit être ceci : que tout soit nouveau.

C'est à cela, il me semble, qu'on reconnaît le poète, à cet appétit démesuré de nouveau, jusqu'à l'ivresse, jusqu'à la folie parfois. Alors ce n'est pas affaire de quelques adjectifs, ni recherche de quelque impression particulière sur l'esprit du lecteur, mais désir de changer le monde, et pour cela de changer le langage, de se changer tout entier, comme de se retourner. Au plus profond il y a ce désir, comme un qui perdrait son enveloppe humaine et revêtirait la parure de l'ange, ou comme un qui se perdrait dans le gouffre de sa propre géhenne. Le chamane, au moment de l'extase, entend venir vers lui les esprits, dans un bruit de galop, dans une rumeur inconnue qui l'angoisse et le ravit. Puis, le moment venu, il se sépare de lui-même, il prend son vol au-dessus du monde.

Max Jacob appartient à cette famille d'hommes, Apollinaire, Desnos, Artaud, Joë Bousquet, pour qui l'expression poétique n'est pas celle d'un moment, mais de toute la vie. Elle délivre dans la souffrance et dans la joie un secret fermé au cœur, un secret qui est toute leur raison d'être. Écrire, alors, c'est tenter d'« extérioriser », comme le dit Max Jacob, tenter de rendre visible ce secret, pour le partager. Cette poésie est incantatoire, divinatoire, elle est débordement sur le futur. N'est-il pas significatif que les deux poètes les plus dévorés par ce feu intérieur, par cette nécessité de la « révélation de l'être », Max Jacob et Antonin Artaud, aient tous deux été passionnés d'alchimie et de kabbale, et tous deux adressé des prophéties à leur entourage ? Ici, la poésie rejoint la vocation divinatoire, qui arrache l'homme au monde des apparences et le transfigure.

Il y a cette contradiction douloureuse, chez cet homme, le prix du mysticisme : dire l'indicible, c'est-à-dire, de la boue des mots former l'expression suprême, totale, magique. Nul homme sans doute ne s'est méfié davantage du brio, de la facilité, de la légèreté des mots que cet homme doué du plus pur génie verbal. Les mots sont dangereux, ils sont des pièges, ils peuvent entraîner vers le mal, sans qu'on s'en doute, ils peuvent détourner le poète de son but. Pourtant c'est le même homme qui écrit les comptines du Laboratoire central,

Madame la Dauphine
Fine, fine, fine, fine, fine, fine...

qui fait le portrait de Madame X..., qui parle de Fantomas ou des locomotives, dans Le Cornet à dés. *Et c'est le même homme qui écrit ici les* Souvenirs du vieux Montmartre, Le Château de Painbis, *et c'est le même homme qui parle de la mort d'une voix si grave dans* Enterrement à Quimper, *qui parle de la mort qui transforme toute parole en prière. C'est le même homme, mais n'y a-t-il pas plusieurs hommes dans Max Jacob ?*

Car le poète n'est pas faiseur de bons mots, colporteur de rimes. Pour lui, l'art est tout entier expression du divin, c'est-à-dire effacement de l'art des mots devant le Verbe. « Art poétique, impuissance », dit Max Jacob, et, dans la Ballade de l'inutilité :

Brillante la traînée de mes doigts rapides sur les cordes : un sourire est pareil à cet éclair de lumière. Brillante... travail vain.

L'idéal poétique, ce sont ces « Vers sans art », cette poésie qui fait fi de soi-même, pour mieux laisser entendre la divination.

C'est cette dualité qui fascine, qui inquiète, comme chez Verlaine, mais avec quelle profondeur ! Max Jacob est tour à tour l'homme et l'ange, le plus misérable des hommes, le plus désespéré, et le plus heureux. Il est l'homme-oiseau, capable du plus haut vol, et aussi le poète de l'humeur la plus noire. Envoûtant, envoûté. Mais puisqu'il détient le pouvoir du langage — et il reconnaît ce don — peut-il se satisfaire de cette dérisoire création ? Là encore est sa dualité, sa brisure : l'inspiration est divine, sacrée, elle est pareille à la semence du ciel. « Un œuf très grand descend en moi », écrit-il dans ses Conseils à un jeune poète. *« Cette descente est accompagnée d'un flux montant d'étincelles lyriques. » Le langage ne peut la dire toute. C'est une possession divine qui efface le littérateur, qui purifie l'homme, le nettoie comme une lumière extrême :*

Tache blanche sur l'univers
Tache qui descend en la poitrine
et qui descend tous les matins
jusqu'à la croix des intestins !
Dans la grande horreur de ma vie
fais reculer la myrrhe noire
toute l'ancienne comédie
le jargon des monts
des démons

(Taie divine)

Mais l'écriture poétique est aussi la tentation du plaisir, de la vanité. Les mots parfois s'échappent, s'éparpillent, portent l'égoïsme, le mensonge. A côté de ces « antithèses », de ces « interimes », qui sont moquerie, culbutes, jeux de mots et jeux d'images, quelle n'est pas la simplicité de l'aventure divine, car ainsi parle le Seigneur de son passage sur la terre, qui unit la grotte de Bethléem au Saint Sépulcre : « Je suis né près des bestiaux, mort près des gâcheux. » C'est cette aventure-là qui seule compte pour Max Jacob, qui hante toute sa vie solitaire.

Qui est-il ? N'est-il pas, lui aussi, le Juif exilé, arraché à la damnation par une seconde naissance, et promis à la mort ? N'est-il pas celui que la poésie sauve et condamne tout ensemble ?

Il y a quelque chose de sombre, de violent dans cette poésie divinatoire. Une angoisse fondamentale de la mort, une obsession de l'agonie. La mort, c'est l'ennemi qui fait resurgir le passé, le « passé non trépassé » :

Ma vie fut une tragédie, planches pas blanches et cœtera
ma vie et son panorama !

(Agonie)

Et c'est aussi l'angoisse de l'Enfer, qui brûle la vie de Max Jacob de sa sombre flamme :

Je tourne chaque nuit mes visions vers les morts,
je frappe avec mon crâne aux rochers de l'enfer.

(Agonie)

*La mort est partout. Elle est dans la rue, présence infernale dans le « ciel de plomb et sillonné d'un tonnerre rouge », ou dans ces voitures qui « s'en vont comme une jaspure », entraînant un mannequin sur le Styx gelé (*Célébrité*).*

La mort est partout, dans la ville de Paris pareille à un radeau fuyant une guerre, et allant vers une autre guerre. La mort est le destin du monde, le monde est sa proie, seule l'éternité divine peut le sauver. C'est l'ombre de la mort qui guette Max

Jacob, et qui déjà efface son ami Guillaume, pour qui il a « en pleurant dessiné le lit de son agonie ». C'est la mort qui emporte dans les premiers jours de 1920 le peintre Amedeo Modigliani, son double infernal, celui avec qui il avait tant voulu partager son extase :

Au lieu de femme un jour j'avais rencontré Dieu.
(Le Laboratoire central)

La mort, l'enfer, le pressentiment du malheur traversent la poésie de Max Jacob comme un frisson que l'on ressent encore. Alors il doit chercher le nouveau, non pas le nouveau littéraire, ni le vertige des jouissances, mais ce qui est caché en son cœur, et que met au jour le signe divin. Max Jacob, perdu dans les turbulences de la vie, tout à coup aperçoit, comme à travers une trouée, ce qui sera le destin du monde : la mort toujours, la destruction, comme un éclat meurtrier parmi les feux étincelants des jours heureux :

Quelle foule le dimanche soir à ces bals-dîners des Colonnes ! regardez les deux buveurs qui se lèvent pour danser. Le chapeau clair du complice est une paire d'ailes et la dame s'envole en froufroutant comme une colombe. Pauvrette, est-ce que je vais te plaindre ? la face du danseur étiquette ce qu'il est et les ténèbres entre les colonnes disent où le danseur, à travers les tables fumeuses et détruites, te conduit.

(Avant-guerre)

Il y a ce souffle dans la poésie de Max Jacob, comme un vent venu de l'autre côté du monde, apportant la substance de l'éternité.

C'est ici, dans ces « derniers poèmes », que l'on sent le mieux la vérité de cette révélation. Car, tandis qu'il écrit sur l'enfer, sur l'infini de l'espace, « les dièses et les bémols du silence kilo-

métrique de l'azur », lui, « Max le fou », qui découvre qu'il est le « clown » : « Jadis personne ne me remarquait dans la rue, maintenant les enfants se moquent de mon étoile jaune. Heureux crapaud ! tu n'as pas l'étoile jaune ! » Alors se préparent les événements terribles qui le conduiront à la misère du camp de Drancy, et à la mort.

Il y a comme un symbole dans ce destin, qui est fait de cette double rencontre : la rencontre de Max Jacob et de son Ange, un jour de septembre 1909, dans l'« obscure petite chambre » qui bouleversa toute sa vie et le convertit au christianisme ; et, trente ans plus tard, la rencontre de l'humiliation raciale et de la mort nazie dans le camp de Drancy.

Alors la révélation qui illumine Max Jacob n'est pas seulement une lumière intérieure. C'est un feu qui déborde de tout son être, qui le pousse à parler aux autres, à témoigner. Max Jacob est le messager d'une vérité quotidienne, familière, comme celle qu'il aperçoit un jour sur l'écran d'une salle de cinéma, ou comme la figure du Seigneur qui apparaît soudain dans « un de ces bistros où ma jeunesse s'est évanouie ».

La poésie n'est pas autre chose que cette révélation de l'âme, la « transfiguration ». La folie, la raison sont l'unique expression de ce vertige de lumière :

N'y en a-t-il pas un qui ait touché une étoile ? Oh ! des étoiles tant qu'on veut ! mais la Sagesse est un soleil.

L'illumination est celle d'une nature infinie, où la poésie est unie à l'eau et à la lumière, au « matin de nacre » ; l'âme et l'esprit ne peuvent être en lutte. Tandis qu'approche la menace de la guerre, « lorsque l'homme et la bête chercheront un terrier », Max Jacob accomplit sa destinée. Allé au-devant d'un mal dont il ne peut comprendre l'origine, il entre dans « l'éternel de la prière » — car toute poésie, pour lui, n'est que le commencement de la vraie prière.

Tout lui parle, tout lui est révélé. Ce qu'il désire par-dessus tout, c'est le total dépouillement de soi-même, le remplacement de son être de chair par une projection de sa foi et de son rêve, un corps astral. Plus tard, Artaud suivra le même chemin, mais qui le conduira jusqu'à la folie la plus dévorante. Le mysticisme de Max Jacob est doux, irrésistible et sans faille. L'on comprend les sentiments qui ont animé ses proches, ses amis, à le voir à la fois si accessible et si lointain, mage de la parole ravi par l'indicible. Devinaient-ils déjà sa mort, abandonné de tous et mêlé à la souffrance commune des innocents tués par la guerre ?

C'est l'innocence de cette mort, achevant la ferveur de cette vie qui nous donne aujourd'hui, à lire ces « derniers poèmes », une telle émotion. Se peut-il que ce soient là les derniers poèmes vraiment, les derniers instants de notre monde ? Mais il y a dans ces paroles une telle jeunesse ! La musique des vers, musique pour faire danser, chanter, légère et douce comme une chanson s'unit aux pensers les plus graves, aux accents de la prière. L'homme tout entier apparaît, fragile et volontaire. Les paroles de Max Jacob sont à jamais dans notre mémoire, elles sont notre mémoire. Comme Max Jacob, l'homme se change, il se fait neuf, il cherche en lui la source de l'éternelle jeunesse :

L'air mord les remords. Remords-toi, méchant, alors
j'écris mes mémoires dans mes os avec mon sang.

J.M.G. LE CLÉZIO
29 juin 1981

Poèmes en vers

À PROPOS DES RÊVES
LES TROIS ÉGRÉGORS

(Ballade)

> *Note :* les Égrégors sont des êtres du ciel ou d'ailleurs, plus matériels que les gestes des rêves et plus immatériels que les protozoaires.

Sur le pas de la porte, la porte des Arcs de la Vie
brillent les Égrégors, égrégors quotidiens de notre prophétie
entre l'œil de mon cœur et de lointains rideaux...
S'ils viennent d'un glacier de fièvre
ou d'une île en mer avec des gouffres de fièvre
qui le sait ?
J'habite en ma dure grotte et dure et haute et dure
et les images de la nuit, par le néant de la nuit, saisissent
avant que les reprennent le néant et la nuit et la mort.
Élodie ne trahissait pas, elle montait.
Hors le cri rauque de trois haines, hors l'amour
d'une embrouillée histoire d'amour
Hors la chair essorillée de haines
brillent trois Égrégors sur le pas de la porte du jour
à la porte des Arcs de la Vie.
C'est pour t'innocenter, douce et triste Élodie,
pour vivre la raison qui marche vers soi-même

sur le pas de la porte du jour !
A la pointe du jour
pour rejouer plus clair cette histoire d'Amour,
hors le sang et la peine
d'une embrouillée histoire d'Amour.

Sur le pas de la porte du jour
je vis trois Égrégors : Élodie telle ou non
que jadis je la vis (à ne pas dans la mort oublier son amour)
telle ou non je la vis
sur les Arcs de la Vie et les portes du jour
Élodie et Claudien sur le mont des neuf Muses...
Si c'était cet Olympe ou le pas de la porte du jour
sur le mont des neuf Muses... et Claudien et la triste
[Élodie...

Parut un jour au milieu de ses Muses
celui que je reçus comme un plus grand que tous,
le Claudien qui faillit égarer ma raison,
et le plus grand de tous. Notre culte pour lui !
A lui la Grâce, et la Sagesse et tous les dons.
Sur le pas de la porte du jour je vis trois Égrégors
l'un était Claudien, l'autre était Élodie.
Avec les images du passé
et la jalousie enragée du passé et la haine
avec les images du passé, les trahisons
et celle d'Élodie non subie mais élue
éduquée par les Muses et par moi
non subie mais élue,

j'habite seul en ma dure grotte et dure et dure et haute
toi, sur le pas de moi, triste Élodie
sur le pas des portes de la Vie

toi, tu n'aimas de moi qu'art novice
paradis, musique frêle et purs desseins.
Nous projetions sur tous un idéal sans fin.

Je vis trois Égrégors et Claudien le Sage
et la pure Élodie, moi, l'aimant jusqu'à l'incantation.
Parut un jour au milieu de ses Muses
ce Claudien et le plus grand de tous,
celui-là qui faillit achever ma raison
comme on achève une agonie
Élodie, ma peine et mon doute, je t'accusais de trahison
Pour que revivent les clartés du vrai qui marche vers soi-même
il fallut qu'en ma dure grotte
parût trois Égrégors, brillât trois Égrégors
— passé d'ouate qui s'effiloche —
non pour la matinale prophétie
mais pour rejouer cette embrouillée histoire d'Amour.
Elodie ne trahissait pas, elle montait...
cherchant le plus... le mieux... se donnant au meilleur.
« On l'avait faite grande », dit la Porte de l'Aube,
aux portes de la Vie, aux arcs bleuis du jour.
On l'avait faite grande, moi je n'étais pas digne
son cœur vit à Claudien l'ombre blanche d'un cygne.
Tu n'aimais pas Claudien ni moi.
Élodie ne trahissait pas, elle montait.
Ah ! Claudien fut traité comme je fus moi-même !
Tu n'aimas pas Claudien ni moi mais la Beauté.

BOURLINGUER

Je suis le coq beurré, je suis la poule tiède
Je suis le lion ! j'ai ma couronne en tête
Je suis le loup, mes yeux sont pleins de sang
En robe d'intérieur bleu-vert je suis le paon
Je suis la pie un couteau sur la manche
Je suis l'auto qu'on sortait le dimanche
Je suis perdu et j'écris au hasard
Je suis caméléon et je suis un lézard.
Je suis roi et je suis prince d'Australasie.
J'ai sept oies pour garder mon trésor
J'ai fait la guerre aux gens de la Turquie
Mon nom c'était Nabuchodonosor
J'ai de gros yeux couleur de l'eau de mer,
Des dents de morse en guise de dentier
Quand je parais paraît aussi l'hiver
Tout devient pôle et les ponts sont glacés
Je danse en rond avec les fées des plaines
Nous jetons des cailloux aux vers luisants
Je suis le roi et vous êtes ma reine
Et nous aurons un jour cent huit enfants.
Jean répondit : « Je suis un homme arctique,
J'ai sept deux pieds et la queue d'un démon
On a comblé la mer Adriatique
Pour faire passer mon char et mes canons. »

DÉFENSE DE TARTUFE

En parlant mangeant dormant
celui qui dort et dort,
ses paroles sont une floraison :
comme du tuyau du jet d'eau
sort sa parole en toute occasion.
En dormant il pleure et rit et parle
et de sa bouche et de ses yeux viennent des perles.
En dormant il aime et parle et aime
celui qui dort et dort.
Il n'est pas toujours le même lui-même.
Il porte des fleurs comme un arbre
celui qui dort et dort.
Au loin s'étendent ses branches.
Au-dessus de l'océan il est un phare ;
son amour et sa haine sont une avalanche.
Il a une trompe d'éléphant comme le dieu Ganeça.
Il parle de souffrance et de patience.
La puissance de la sottise il la détrône
comme s'il connaissait quelque chose de tout ça.
Il salue la liberté les cathédrales la reconnaissance.
Avec toute la force du cœur de l'homme
celui qui dort et dort.

Un soir que sa vertu avait étonné le monde
il se trouva couché avec une femme immonde.
Alors il pleura sans bruit ; il pleura
enfin réveillé et il lui sembla
qu'il pleurait pour la première fois.

Celui qui dort et dort
il n'est pas toujours le même lui-même
Celui qui dort et pleure et aime.

Au Bucentaure ! c'est un bal à Grenelle.
Le viaduc passe non loin d'ici.
« Que boiras-tu ? moi, c'est une prunelle.
– Un gars nous suit depuis le « Médicis ».
– Ote ton diam, on le voit trop.
– A cette heure, y a plus d'métro. »
Lune, argentez les immeubles d'hiver
Ampoules d'or n'éclairent pas le fer.
Par vous, Chaillot est couvert de mosquées.
Au coin du bal, attend un rat musqué.

CONNAISSEZ-VOUS MAITRE ECKART ?

Paul Petit.

Connaissez-vous le grand Albert ?
Joachim ? Amaury de Bène ?
à Thöss, Margareta Ebner
de Christ enceinte en chair humaine ?

Connaissez-vous Henri Suso ?
Ruysbrock surnommé l'Admirable ?
et Joseph de Cupertino
qui volait comme un dirigeable ?

Et les sermons de Jean Tauler ?
et le jeune homme des Sept Nonnes
qu'on soigna comme une amazone
débarquant des Ciels-Univers ?

Connaissez-vous Jacob Boehm
et la Signatura Rerum ?
et Paracelse l'archidoxe,
le précurseur des rayons X ?

On connaît bien peu ceux qu'on aime
mais je les comprends assez bien
étant tous ces gens-là moi-même
qui ne suis pourtant qu'un babouin.

Un hospodar de Valachie
contribuable à Valparaiso
a souffert d'une esquinancie
qui le conduisit au tombeau.

Encadré des vues de l'Attique
il avait des airs extatiques
en improvisant au piano
la valse lente et le tango.

Se peut-il qu'aussi l'on décède
lorsque l'on porte un crâne opaque,
qu'on est prince et qu'on est aède
et qu'au pays chilien on est moldovalaque.

BALLADE DE L'INUTILITÉ

Brillante est la pelle dans ma main
Bien bas est la terre et son paysage. Ici la grotte ou
l'ouverture claire de quelque chose.
Brillante est la pelle dans ma main, et si je soulève
de la terre sur le bord, où tombera-t-elle ? et le vertige
ne me prendra-t-il pas. Brillante... travail vain !
Brillante est la lyre près de la grotte, brillantes les
cordes : n'y en a-t-il pas de brisées, de rouillées
Vite une tenaille ! vite des pinces !
Brillante la traînée de mes doigts rapides sur
les cordes : un sourire est pareil à cet éclair de
lumière. Brillante... travail vain.
En bas on a préparé les arcs de triomphe faits
d'oliviers et de faisceaux : ne descendras-tu jamais
prendre part à toutes ces fêtes ? Brillante est la pelle
dans ma main, brillante la lyre près de la grotte
trop bas la terre et son paysage.

SOUVENIRS DU VIEUX MONTMARTRE

J'épouse un facteur en retraite !
Après la noce, un strapontin
Se peut-il que maman répète
Ce soir à la Porte-Saint-Martin.

Il faudra noter vos dépenses,
les recettes s'il y en a.
C'est moins pénible qu'on ne pense
et ton mari t'approuvera.

Ma mère était danseuse,
mon père chapardeur,
c'est pourquoi je suis pieuse
et j'ai la bouche en cœur.

Gratin ça veut dire les nouilles
mais on n'est pas bête chez nous.
C'est moi qui lave et qui recouds
les nippes de milord l'Arsouille.

On a connu des grands artistes
qui tutoyaient papa maman ;

l'hiver sans feu c'était bien triste
mais le gel du firmament !

Chez nous c'était la bombe
sauf les jours de malheurs ;
quand on avait bu des liqueurs
on riait, on pleurait en chœur
— un piano dans les catacombes.

J'attends comme un événement
qui doit changer notre existence
récompense ou bien châtiment
le reste n'a pas d'importance.

Je n'ai pas bu de bon café
depuis la mort de la concierge ;
c'était pas du café d'auberge.
Ça c'est signé et paraphé.

AVRIL INFERNAL

A Marcel Béalu.

Pour un bout de temps
      printemps.

Pivoine, glycine !
ouvrier d'usine
tu chantes en sourdine.

Printemps mal ancré
magnolias penchés sur ma corruption
rosettes, bouclettes à la rivière d'encre
tu nous fais sourire de notre portion.
Deux mois de Lemnas à l'étang malade
de lézards, bijoux de la colonnade,
deux mois de Léthé
et pourquoi pas six
puisque Dieu permet
les bonheurs permis.

Un échantillon du Monde meilleur ?
Le mouchoir de l'ange du côté du cœur !

Moi qui vois en rêves
la nuit, des tunnels
(ça vient de la plèvre ?
non ! ton bouteselle
posthume expiation :
mon âme est l'enjeu)
moi qui vois en rêves un théâtre en feu
le printemps m'éveille
alors ? l'arc-en-ciel
d'un vaste pardon ?
Pays de louanges
le Paradis tangue
vers mon déshonneur.
Remets ta fontange
vieux saule pleureur
Printemps de tes nippes
je ne suis pas dupe.

13 mai 1942

LA TOUR DU MILIEU

La Tour s'appelle Contagion, un grand incendie la couronne
jetant le mauvais air aux hommes.
Plus grand que la Tour du milieu
qui monte de la terre aux cieux.
Le chien géant, le chien géant
c'est lui qui garde le néant.
Voici les sœurs Épidémie :
l'une est reine de Zizanie,
l'autre est la veuve des poisons
La dame jaune en satin noir
ne se couche matin ni soir.
La dame jaune en robe rouge
s'entretient avec ce qui bouge,
interroge bruits des maisons
et la tempête lui répond :
« Cueillez le vent ! cueillez le vent !
Hé toi ! la girouette qui grince
quelles nouvelles des provinces ?
Tire le couvercle du volcan
la tortue de la terre aura l'éternuement
et l'œil vert de Minerve a le clignotement.
– L'aigle d'or et l'aigle d'argent

lèvent les courtines des temps.
Achille a renversé la coupe,
Poussière fine dans la soupe.
Tu verras l'enfant nu près de l'épine blanche,
poulain par taureau d'or à la messe un dimanche.
Le chien géant, le chien géant
fait gémir nuit et jour les flots de l'océan.

MARS

En dernière heure de l'hiver
j'ai découvert le vent, le vert
en ce premier jour de printemps
le vent.

Le vent, le vent, le vent, le vent
Ses amplitudes phlogistiques
Nord au sud, occident, levant
sans frontière est sa république.

Lustres de luxe à girandoles
prenez-en pour votre auréole.
Saint Briac en perdit sa mitre.
Il s'en vint sans coiffe au chapitre
blanc de pollen et de corolles.

Enfant dingo et fandango,
les ongles roses du printemps et les falbalas de l'automne ?
gorge de pigeon et queue de paon.
Ce peu de vert
sur de l'hiver, ce peu d'hiver sur ce printemps
sont aux grenouilles de Latone
et nous n'aurons pas d'abricot.

Qui m'a pris mon Dieu dans la plaine ?
Ce matin même en me levant
Seigneur : Ta grâce ! avec Ton sang.
Or je dis avec Madeleine :

« Si tu l'as emporté dis-moi où tu l'as mis. »
Satan soufflait de son haleine
le chaud, le froid, maudit Satan
qui m'a pris mon Dieu dans la plaine ?
le vent, le vent, le vent, le vent.

Ma tête roule à l'Océan
et c'est une tête de pierre
recueillez le sang du couchant
recueillez l'or de la prière
la terre égare mon turban
et le ciel ma cordelière
vaincus par les temps.

BALLADE DE LA CAMPAGNE-EXIL

Les paysans m'appellent par mon nom sur les routes,
comme ils reconnaissent une alouette d'une grive
mais ils connaissent mieux les noms des gibiers que le
mien car mon nom est Douleur.

Si ce que j'aime s'appesantit sur ma blessure, il la gêne,
s'il ne s'appesantit que sur l'été, c'est la plaine qui souffre.

Qui nourrira mon amour et l'été si ce n'est cette douleur,
puisque mon amour et l'été ne peuvent plus se nourrir de
[joie.

Le cygne s'en va dans le sens des branches
et les muses nues me prennent les bras ;
le cheval ailé comprend ma souffrance
et les fleurs des prés s'écartent de moi.

SERRES CHAUDES

Sur la margelle du puits
la main se pose, le cadran
solaire marque l'heure.
La main porte un anneau de buis
quelle heure est-il ? j'ai peur.
On a marché dans les feuillages tropicaux
Un vaisseau entre au port
la princesse revient de l'hôpital.
L'ombre dans le jardin couvre la pâleur
du jet d'eau. On a marché dans les feuillages.
Ce sont les troupeaux de brebis
qui reviennent du palais royal.
Sur la margelle du puits
la main n'est plus seule,
l'ombre du saule frémit sur le voilier dans le port.

LA VRAIE JEUNESSE

I

L'enfance demeure la dernière au fond de l'homme qui
Le poète-enfant demeure un renaissant matin. [s'éteint.
Ombre de moi qui fus, reconnais-tu mes ombres ?
J'entends mes cris jadis de haine ou de triomphe.
Ombres de moi ! je vois le jeune homme au rocher
abrité par ses pleurs contre le crépuscule.
A la main : une canne ayant beaucoup marché,
un crayon bon marché, un coin de papier bulle.
Est-ce vous ? est-ce moi ? il était de Bretagne,
pays qui tient du prêtre et du tzigane !
En me rencontrant tout à coup, je m'écoute palpiter d'aise.
Reconnais-toi ! le même enfant de la falaise !

II

Et toi, belle inconnue, ô Loire,
reconnais mon âme éternelle à ses moires.
Reconnais ta même jeunesse à l'aurore des champs velus,
[gris et dorés.

Reconnais ton âme, la même, au silence par le soleil
[évaporé,
à la paix d'un bouquet de feuilles où l'humide fleur a souri
à la vigne dans la ruelle d'un humble mur de terre cuite.
Reconnais ton âme à la fuite
de Daphné qu'Apollon poursuit.

III

La verdure était souriante comme au matin de l'Angélus
quand à Marie Immaculée parla Gabriel, ange élu.
Les oiseaux s'alarmaient dans le temple des arbres,
quatre bornes au pont de pierre où je m'attarde.
Rien de plus mystérieux que votre écume sur vos amours, ô
Or à la côte où brille, ô Loire, ton blason, [peupliers !
s'échappa du ciel de gloire un chœur de filles et de garçons ;
cela montait, noble et tragique, et se liait :
des nuées d'argent s'étaient muées en bicyclettes,
un bouquet bisexué de cycles au soleil :
Ophélies de quinze ans, vêtues de leurs raquettes,
athlètes Roméos, encadrés par les feuilles,
les bras et les cous nus chantaient comme en exil,
les cheveux grecs brillaient ainsi que des comètes
et les bouches sauvées comme un sourire d'avril.
L'Olympe descendit la côte et disparut.
Ombre de moi qui fus, reconnais-tu mes ombres ?
Imbécile rêveur, t'es-tu bien reconnu ?
Je me levais sans m'attrister de mes décombres.

IV

Ahasvérus, mon nom ! mon lieu, Jérusalem ;
Ahasvérus est plus vieux que Mathusalem.
L'esprit qui veille en nous est encor plus ancien.
Descendant vers la mort c'est Dieu que l'on atteint.
Or, Il est le printemps, la fleur et le pépin !
Le vieillard est à soi ; la jeunesse, à qui l'aime.
Et couverte d'amour comme de sûres branches
elle met son rêve et ses jours hors d'elle-même.
Son visage est aveugle et sa lèvre est béante.
Le Temps donne au vieillard le mot, le mot de passe
de l'amour vu de loin qui croît, décroît et passe.
Plus de regards anxieux, de noirs frémissements.
Nuage, enseigne-moi la douceur du cilice !
Ah ! si l'on voyait nu et sous les vêtements
mon corps tout doucement transformé en calice !
L'entonnoir de mon front est rempli de rayons
depuis qu'un tisonnier de la révélation
tenu par le Sauveur a marqué ma poitrine.
Va dire à ton prochain qu'elle est une pauvresse
sans Dieu ! la fébrile jeunesse !
Sur mes lèvres, sans vous ! Seigneur, c'est la famine.

LES RÊVES PROPHÉTIQUES

J'ai rêvé d'un lac bien formé où se reflétaient des falaises.
Les falaises étaient couvertes d'une verdure sombre.
Le lendemain j'ai retrouvé mon émeraude.
J'ai rêvé d'une belle route où sonnaient fort des pieds ferrés.
Moi je m'arrêtais à l'accotement par une muraille de rochers roses qui se perdait dans le ciel et la mer.
J'ai rêvé d'une table exquise où l'on m'offrait un porc rôti
moi je ne voyais que l'hôtesse où brille un olympe chrétien.
J'ai rêvé l'autel et la messe
et j'ai rêvé d'un garde-fou
et j'ai rêvé de Bénarès
et du Paradis des Hindous.
Je t'ai rêvé de chambre en chambre,
ô ma jeunesse immaculée !
J'ai rêvé d'un vieux que démembre
le fantôme blanc des années.

DEVANT UNE COLONNE BLANCHE D'ÉGLISE

Oublies-tu que je me souviens ?
non ! souviens-toi que je t'oublie
Amour la moitié de ma vie
amour... que serai-je demain ?

De l'autre côté de la vie,
de l'autre côté des douleurs,
dans la cathédrale pâlie
haletant après l'heure et l'heure
les colonnes ainsi que des scies
oblitèrent jusqu'à mon cœur.
Doux Sang de Dieu ! vous, à mes pieds ?
le reste de moi, la colonne !
faible et dressé, je Vous le donne :
puisse-t-il servir de colombier
au Saint Époux de la Madone.

Tremble ! tout pardonné je me dresse et je tremble !
affliction d'un dieu ! c'était avant ma mort !
le désir n'était plus : son image est le temple
et la colonne blanche a les pieds dans mon sort.

Douce mère de Dieu !... serais-je encor vivant ?

Colonne, par le temps ! et moi, par mon martyre !
quoi ! vous êtes de pierre ! je le serais, sans Dieu !
La colonne trembla quand Jésus fut martyr,
moi je tremble et des pleurs me viennent vers les yeux
quand le chaud vent de Dieu me vient de l'infini.
Tressaillez ! au-delà de l'atteinte des mains
notre vie à tous deux se repose et s'éteint,
avec précaution vit et meurt et revit.

Pour mon puissant amour et mon plus fort dédain
comme on verrait dans un vaste miroir sans tain
s'attirer et se nuire des poules bigarrées
je vois le lys profond, la rose qui succombe
au poids fécond de ses entrailles, ...
circuler le touriste, photographe égaré
parmi l'herbe fleurie des tombes.

Je suis mourant d'avoir compris
que notre terre n'est d'aucun prix.

A UN FILLEUL DE QUINZE ANS

(Poème pénible)

Tu réprouves ce que je dis,
Tu parais écœuré de moi,
Tu salues (ô torticolis) !
Et tu souris (ô quel empois) !

Tu méprises un vieux citharède
dans une enjambée de tes pneus.
Le dédain ce n'est pas une aide :
Comprendre c'est aimer un peu.

Tu te crois un très beau jeune homme,
et plus encore intelligent :
tous les romans que tu consommes
moisis, pivotent dans ton sang.

Si c'était blesser que tu souhaites...
mais non ! tu es doux et poli...
vrai Dieu, je te mettrais en boîte
et ficelé comme un colis.

Jean, ta ressemblance m'angoisse
avec mes quinze ans de jadis.
Songe à de futures disgrâces :
j'en suis le miroir aujourd'hui.

... M'EN DÉTORTILLE

I

J'ai rêvé un chat et un lion
j'ai rêvé le diable et sa fille
j'étais tailleur à Lannion
tailleur du fil avec l'aiguille

J'ai rêvé d'un grand paquebot
avec des nains jusqu'à la quille
C'est Paris, ville d'Astaroth
que le bon Dieu m'en détortille.

II

Je n'ai plus aucune assurance
ni pour le chant ni pour la danse
un trait m'a déchiré la page.
Étincelle ! électricité !
La feuille ? un papier d'emballage !

Du haut en bas ! du bas en haut,
il ne reste rien du ballot,

il ne reste que paille ou ortie
Trace de bitume et plangores.
Mort sans mourir ! de la charpie.
Encor le Dieu ! mais sans décor.

CONFESSION DE L'AUTEUR
SON PORTRAIT EN CRABE

Comme une cathédrale il est cravaté d'ombre
mille pattes à lui, quatre à moi.
Chacun nos boucliers, le mien ne se voit pas.
Le crabe et moi ! je ne suis guère plus qu'un concombre.
J'aurais été danseur avec des crocs plus minces,
pianiste volubile si je n'avais des pinces.
Lui ne se gêne pas de ses armes ; il les porte à la tête
Et ce sont des mains jointes
tandis que de ses tire-lignes, il fait des pointes.
Vous avez, maître cancre, jambe et pieds ogivaux ;
je me voudrais gothique et ne suis qu'en sabots.
Ma carapace aussi parsemée, olivâtre
devient rouge bouillie aux colères de l'âtre
c'est contre qui en somme ou plutôt c'est pourquoi
ce bouclier que j'ai gris et noir comme un toit ?
(après tout, peut-être n'est-ce que du théâtre ?)
Ah ! c'est que tous les deux on n'est pas débonnaire.
Le crabe et moi ! plus cruels que méchants,
aveugles, sourds, prenant du champ,
blessants blessés, vieux solitaires, pierre.
Obliquité ! légèreté ! mais moi je suis un cancre aimable,
trop aimable, dit-on, badin.

Volontiers je m'assieds à table.
Le cancre étant bigle est malin,
vise crevette et prend goujon
mais j'ai l'œil empêtré dans les marais bretons.
Un jour le cancre a dit : « Ah ! je quitte la terre
pour devenir rocher près du sel de la mer. »
J'ai répondu : « Tu la quittes à reculons
prêt à contréchanger tous les poisons. »

ENTERREMENT A QUIMPER

Ni fleurs, disais-tu, ni couronnes.
Avril n'est pas de cet avis
C'est le Seigneur qui te les donne
Vois ! C'est déjà le Paradis !

Avril avec ses catafalques
de tulipiers comme des algues
sur d'innombrables ponts et sous les marronniers
sous les branches et les aubépines
enterre ta vie de mort
et ta chaste vie d'héroïne.

Je regarde à travers mes pleurs.
Ici la mort a pour voisine
la croissance des palmiers nains :
Ton corbillard, ô ma Delphine !
n'est qu'un oiseau des boulingrins.

Quand je fus fatigué de larmes,
las des voyages et malheurs,
un coin de violettes de Parme
avança le pied du Seigneur.

Où aborderas-tu, ô ma sœur héroïne ?
quelle connétablie
plus fière des lilas l'amoureuse tétine
en ce matin d'avril au bord de la rivière,
plus fière que l'œuf violet des magnolias de fer,
de leur pistil hélant ta barque, ô Walhalla !

Combien doux à la mort nous semblent tes sofas,
O printemps glorieux au bord de ma rivière.

Et l'ancienne boutique, cortège, ton chenal !
le vieux balcon croupi voudrait toucher la terre
qui me cachait, l'été, pour lire Maupassant !
Oh ! moi aussi courbé mais au sens vertical !

la cour ! l'atelier ! et les vieux locataires !
Passé de mon passé, nous sommes des passants.
Passé de mon passé toi seul es funéraire.
La mort est un printemps qui n'est pas éphémère.

LE CORBEAU DE SAINT PAUL ERMITE

I

Tout ce que fauche
la débauche !
et les temps que Dieu toléra
de fièvre rouge ou choléra
le deuil dont Satan m'abreuva
par permission de Jehovah

II

Ceux qu'incarcère
la misère !
les supplantés comme Ésaü
les mal mariés, les ingénus.
La terre est la salpêtrière,
la nitrière meurtrière.

III

Tout ce que mine
la famine !

Des Trafalgar, des Gibraltar
pour reconquérir un hangar.
Cent mille hommes pour la baraque
Morts et blessés dans cette attaque.

IV

En ces déluges
qui la grugent
si vous voulez n'être pas noyé
imitez la Bible et Noé.
N'attendez d'être patriarche
pour fabriquer en vous son arche.

V

Jésus dit : Je prête main forte
avant comme après le trépas
à qui s'engage en ma cohorte,
cherchez la serrure et la porte.
Du dedans ça ne s'ouvre pas.

VI

Donc : oremus
sous l'obus.
Il se peut que Dieu se dérange
pour nous faire un bouclier d'anges ;
nous n'aurons d'autre aérolithe
que ton corbeau, saint Paul ermite.

REPORTAGE DE JUIN 1940

A Monsieur François de Montalivet.

On a vu de partout l'Étoile des Rois Mages
laisser tomber du sang comme tombe un orage.
A jamais cette main, la mienne, en est tachée
et par deuil, sauf de Dieu, de tout bien détachée.

L'air dit : « Je suis la Peste et c'est mon jour d'audience,
« J'accours du ciel avec des voix dans le silence.
« Viennent les coups du meurtre, les draps de la démen-
[ce ! »
Je t'ai toujours chéri, doux soleil sur la mer,
mais ce soleil voué au hurlement des conques
(n'est-ce pas comme si on t'arrachait les ongles)
aux murs est attaché comme un poison amer.

Bousculé, un chien roux que les routes altèrent
dévore un enfant nu devant sa jeune mère.
Viennent Pyrrha, Deucalion
après ce déluge et dans les sillons
sur des morts inconnus étendre de la chaux,
semer des haies d'affûts, des carcasses d'autos
et brandir les fourgons boiteux vers l'horizon.

Las ! au premier tocsin les voitures en feu
sont les itinéraires de chefs-lieux en chefs-lieux :

Le ciel restait ignare ! Des talons Louis Quinze
parmi les écueils des bourgs muets de douleurs
ont fait cent kilomètres : la fille d'un prince !
Vaincue la dame blanche ! Vaincu le laboureur !
Depuis les temps du temps à surveiller la rade
du haut de ces rochers, l'église avec la croix :
Elle s'écartela sans bruit, au casse-noix !
Et l'Océan espion riait en embuscade.

Vous ! accourez, démons, et vous, voleurs de pauvres,
Voyez les anciens morts, clos dans les cimetières,
déshabillés, croyant le Jugement venu, de leurs suaires.
« N'est-il rien, monsieur l'Horloger, que tu ne sauves ? »
Les pillards sont cachés derrière les linceuls
des morts ressuscités et debout sur les seuils :
« Quitte un peu ton auto et tes stocks ouvragés :
« On t'indique la fin de ton martyrologe. »
Le brave homme n'eut pas plus tôt les pieds à terre
que l'auto emporta fortune, enfants et mère.
De même pour les biens d'un boucher fort à l'aise
« pourquoi ne pas traire du lait chaud pour ta fille ? »
Du haut de son camion et de l'œil il soupèse
des mamelles de vache : il saute à la prairie.
— La foudre devant soi tombe comme un arrêt. —
Plus vif, saute un passant : le camion disparaît.

Géant, grandissait l'entonnoir de l'épouvante
et géante en chaque homme une chapelle ardente.
On a vu de tous coins l'Étoile des Rois Mages
repousser du sang comme on repousse un breuvage
Aux premiers tocsins
des lions sont sortis.
D'un Zoo lointain

c'était l'incendie.
Un financier fameux aux gueules des lions
laisse ce qu'il serrait sur son cœur : cent millions !
Pyrrha, Deucalion,
Au déluge reviennent semer à reculons
les débris des foyers
ce qui paya loyer
un Mont de Piété de tendresses vidées :
linge, lettres, photos, sacoches et leurs titres.
Je suis votre témoin, louis d'or auprès d'un titre
le témoin de fusils sur treize coussins brodés
d'un coffre militaire auprès d'une layette
entre un cadavre d'homme et celui d'une bête,
les longs calculs du tir, les secrets du stratège
envolés dans un champ de seigle.

Or les blés mûrissaient déjà au bord des routes
mais l'espoir dérivait glacé par la déroute.
Des doigts qu'on n'a pas vus avaient frappé les portes.
« Si vous ne décampez vous serez étranglés »
avait dit un accent étrange... étranger.
« Vos maires, vos curés vous seront une escorte !
« Même ennemis, les soldats vous protégeront,
« Vous, marins, prenez la mer à l'aviron. »
Par honte, on fit passer dans les faubourgs des villes
les charrettes au pas et les bêtes en file.
Aux ponts de Loire, l'auto du riche attend son tour
et trépigne la nuit et s'affame le jour.
Le feu, l'acier ne dispersait pas une foule
et l'horreur aux blessés mettait une cagoule
de folie ! Cent suicidés ! l'assassinat !
Il arrivait qu'un pont chargé de mille vies
en s'ouvrant engouffrait des voitures emplies

ou déchirant un train, en suspendait le fer
avec les cris de mort au-dessus de l'enfer.

Ici plus de nouvelles, de postes, plus d'argent.
Les magasins sont clos et la place est déserte.
On logeait le fuyard au lit de l'habitant.
On était bon pour tous ! les bontés se concertent.
J'avais passé la nuit dans l'ombre à ma fenêtre
où montaient les pauvres voix des soldats piètres :
Une armée ! elle ne savait se diriger !
D'un côté, c'est Sully ! de l'autre Châteauneuf !
Où aller ? des drapeaux les bataillons sont veufs.
L'aurore s'étonne d'un bruit de sabots sourds.
Des chevaux en troupeau dont la croupe était nue
attendaient pour glisser leur fuite dans la rue
que le fourgon laissât la place à leur parcours.
Des chevaux en troupeau que la soif exaspère
couronnaient la ville muette et leurs crinières
repartirent à l'amble, entraînant des harnais
Vers quel soleil plus noir ? et quel fleuve est prêt ?
D'où venaient-ils ? d'un désespoir d'artillerie ?
Aux flancs d'une jument un poulain nouveau-né !
Si l'un avait l'aspect des chevaux de caserne,
l'œil gardant le souvenir des embrasements,
l'autre sentait encore le trèfle et la luzerne.
Des fontaines de sang coulaient d'un cheval blanc !
Il trottait, élevant la mort entre les dents.

Puisse, Étoile, ton sang être pluie de Sagesse
et toi, Deucalion, le Noé de la Grèce
en ce déluge avoir semé dans les sillons
la vertu renaissant, la Foi et la Raison.

17 septembre 1940

JUGEMENT DERNIER

(Méditation)

Évacuez la terre, gens de Calatrava
de Gaza, de Trévise, peuples de la Néva
arabes, esquimaux, d'Amérique et de Perse !
l'Océan et les monts tombent à la renverse.
Vous qui thésaurisez au pied du Golgotha
et vous qui dépensez tout l'or des Walhallas
et vous dont les plaisirs et la folie abondent
fuyez si vous pouvez la colère qui gronde :
le siècle a trop péché, la terre a son procès.
Par vos aïeux, et vous, le ciel est offensé.
Fuyez comme Caïn avec votre famille
Voici que les forêts tombent comme des quilles.
Abolis, les remparts, augustes patriarches
églises et palais dont on comptait les marches.
Fuyez par les décombres, les rideaux du fer
et sous la pluie en feu ; de bûchers en bûchers
fuyez, mourant de faim, blessés par la mitraille :
« Seigneur, dira Caïn, où voulez-vous que j'aille ? »
Or quand tout fut fini et le soleil éteint
et la lune sans plus d'éclat qu'un plat d'étain
et quand dans le ciel vide eut apparu le Chiffre
du Seigneur Jésus-Christ que le démon déchiffre,

il se fit sur la terre une aurore de paix.
On vit un ange ou deux puis mille sous un dais.
Des pôles, du levant, du couchant, de partout
se montrèrent luisants ainsi que des bijoux
les saints comme on les voit dans les enluminures.
Les siècles se miraient sur leurs belles figures.
Dieu Lui-même parut : non comme un crucifié
comme un pauvre de route et comme un ouvrier
mais comme l'Empereur des soleils et des mondes
et qui peut arrêter les orbes vagabondes
des planètes en feu, des étoiles en vie.
Il est venu juger le froment et l'ivraie
emmener l'âme blanche avec le bon larron
et rejeter l'impie aux eaux du Phlégéthon.

BALLADE
DU PERPÉTUEL MIRACLE

Qu'il y ait Dieu, c'est à n'y pas croire
et ce trajet vers nous, créés, vers nous il y a 2 000 ans
c'est à n'y pas croire
que l'animal vive et que la plante vive
que Dieu ne meure pas, c'est à n'y pas croire
et la cage à vide
que l'os deviendra.
Ici, je m'arrête car je ne peux pas
m'élever à l'âme. Ah ! je ne peux pas... c'est à n'y pas croire
le moment du vide ! et Dieu reviendra.
Ça s'appelle comme on voudra agonie ou vide, crise
changement, la mort — c'est à n'y pas croire —
Surprenante vie ! monstrueuse dénégation de Dieu
alors que mon esprit, mon vide l'appelle « Dieu ! Dieu
c'est à n'y pas croire. [seul ! »
J'appelle les quatre génies des points de l'Espace
Aidez-moi, prêtres magiciens.
J'appelle la blanche couleuvre nébuleuse, moi magicien.
Vient le géant qui a eu neuf mères
et fit trois tentatives pour enchaîner le loup sur les plages
[du monde.
Surprenant que Dieu ait le front, la bouche, la grotte,
[la mère !

Il y a sept grottes et quatre bouquets
la blanche couleuvre nébuleuse
et quatre oies vivantes pour célébrer ma folie
c'est à n'y pas croire
qu'il y ait le Dieu, c'est à n'y pas croire !

LA BALLE

Je vous offre cette définition de mon Dieu,
et qui n'est pas un jeu... non qui n'est pas un jeu,
car ce petit salon empli de porcelaines
avec ses ægypans, ses acteurs, ses sirènes
est à l'image de la terre
de nos péchés et de nos haines.
Ces bibelots légers, bleus bien qu'ils n'en aient pas l'air
figurent nos destins vers Dieu ou vers l'enfer.
Or une petite fille jouait avec sa balle
la lançait au miroir pareille à une comète
puis la lançait en diagonale
puis la serrait contre son cœur
tournait sur soi-même en pirouette
et s'appliquait avec ferveur.
Voici : la balle ne revint plus !
A qui se plaindre et demander main forte :
car ce jeu de salon était très défendu !
Ce n'est que bien plus tard la petite étant morte
qu'on retrouva la balle
dans un groupe antique de Sèvres entre la voûte et la
Le groupe figurait Jésus-Christ et sa Mère [balèvre.
ta balle, mon enfant, était une prière.

VANTARDISES D'UN MARIN BRETON IVRE

C'est moi, c'est moi qui suis Moïse
Venez à la Terre promise
Rien à payer pour le passage,
venez car c'est votre avantage
Tous les tunnels de la mer Rouge
Je les percerai de ma gouge.

C'est moi, c'est moi qui suis Samson.
Je suis le patron des coiffeurs.
J'aurais bien dû rester garçon
ma femme a causé mon malheur.
Comme elle faisait la besogne
qu'avais-je à faire que l'ivrogne ?

C'est moi le grand roi Salomon
Pour ma guerre avec Alexandre
j'ai fourni plus de cent millions.
Quand ce Grec a voulu descendre
dans la cave où est mon pognon
l'or s'est trouvé changé en cendres.

Attendez !... Dieu, c'est Jésus-Christ
C'est moi !... c'est moi !... je vous le dis.

Mon sourire est doux comme un ange
avec le vôtre je l'échange.
Je suis Dieu ! écoutez mon cri :
Je vous invite au Paradis.

VERS SANS ART

J'ai longtemps cru la vie comme un brouillard d'automne
fait de lacs éloignés coupés de sable ocreux,
fait de branches séchées, de buissons monotones.
Et puis j'ai rencontré chez un chasseur de bêtes
un oiseau qui portait une couronne en tête :
« Parlez-moi, dit-il, demandez qui je suis ! »
Une voix répondit : « Amour ! « le sauf-conduit ! »
La route de mon sort hélas ! elle est suivie ;
je m'en irai bientôt aux portes de la mort,
je laisserai content ce que d'autres m'envient,
un cœur d'adolescent gardé comme une amphore.
Quadrille de la vie ! Votre main au plus proche :
« As-tu besoin de moi ? Ai-je besoin de vous ? »
Plus rapide est la course, plus dure était la roche
et la fleur des amours pourrit sur nos genoux
et la lèvre appelait muette au fond du cœur.
Un ange m'apparut de la part du Sauveur :
« Profite de ta voix pour chanter vers le ciel ! »
C'était un Esprit Sage à la Beauté pareil.
Depuis ! Combien de fois Dieu me parle à l'oreille :
« Le silence est partout excepté dans mes yeux.
« Enivrez-vous de moi ! Cherchez-moi davantage.

« Songez, songez à moi ! Je ne vous promets rien.
« Pensez avec respect : en vous est mon image,
« Votre secret bonheur au milieu des chagrins.
« Comprenez, comprenez ma loi de la souffrance
« transformez la douleur en sainte jouissance,
« c'est à travers mes yeux qu'il faut voir la nature,
« c'est à travers mon cœur qu'il faut pleurer d'amour. »

TAIE DIVINE

Tache blanche sur l'univers
tache qui descend en la poitrine
et qui descend tous les matins
jusqu'à la croix des intestins !
Dans la grande horreur de ma vie
fais reculer la myrrhe noire
toute l'ancienne comédie
le jargon des monts
des démons
et leur lugubre fantaisie.
Hors ! çà ! enfuyez-vous, noirceurs
qui souillez tout jusqu'à mon cœur
et qui attirez le malheur.
La tache est descendue en blanc
nacrée comme un intérieur d'huître
je ne me vois que sous sa vitre
voilà le miracle où j'en suis
depuis Vous-moi et depuis
moi-Vous, ma grande ambition célestique
depuis moi mort que l'on exhume
un horizontal présenté, reçu ? mal reçu ? expulsé ?
il entrera dans la nacrure ?

il restera dans la Saumure
où le crocodile s'alimente
avec les stirges, ses servantes
et l'Hippopotame du grand Styx
les femmes de trop bonne humeur
dans le soufre et dans ses vapeurs.
Ce que tu fais, ce que tu dis
te fait masquer le Paradis.

MYSTIQUE

Un homme, homme perdu au milieu des arbres.
Avait-il l'esprit dérangé ?
Il tenait un étendard comme une harpe
brodé de couleurs orangées.
Il examine une affaire minutieusement
ou bien il porte le cercueil d'un haut personnage
il a l'air d'un prêtre anglican,
d'un ange ou d'un anthropophage.
Il demande la fleur fabuleuse qui ne pousse qu'au paradis,
il a une fortune fabuleuse et ne possède pas un radis.
Grisé par l'odeur des malvacées,
des tubéreuses, des basilics,
il marche sur la verdure porc-épic
dans le jade de la forêt.
Les tapirs, hermines, renards
semblent lui demander leurs parts
d'un concert qu'on n'entend nulle part.
Parfois il tombe à genoux en baissant les yeux.
Il dit : « Je suis perdu ! je suis un gnome !
Je veux aller à pied à Rome ! »
On se demande s'il est un homme.
Saint Paul dit : « Vous êtes des Dieux. »

LA MARIÉE

Trois chevaux noirs
Chevaux brillants, métal froid
Noirs comme le soir
Portaient la tête comme un évêque ou comme un roi.

Deux cochers noirs, ou deux ou trois
Chapeau haut et la main gantée
Deux cochers noirs, noirs comme bûches
— Qui oserait les fréquenter ?
Trois chevaux fiers comme autruches.
Où conduit-on la mariée
Dans cette robe d'aubépine, cette robe de primevères ?
Voyez donc sa pauvre figure !
Ce qui lui siérait c'est la bure
L'œil égaré, les traits tirés,
Offrant au ciel la vérité,
Vérité toujours la dernière.

Ma plèbe est à Pleyben
Oh ! la paix m'y plaît bien
gars de galons
doublons jusqu'au talon
j'y suis gars, léger, laid,
dansant des galipades
de Brest, pas loin, je vois les faubourgs et la rade.

L'HOMME EST SEUL

La solitude et pas assez ! il nous faudrait la gangue,
la solitude, ô panacée ! et ce manque m'efflanque.
Ah ! seulement que je m'absorbe
dans ma guérite ou porche,
plus jamais condescendant ni cédant
cédant ma porte au diable
quoi donc ! au moindre Sélam d'un quidam
mon intégrité s'entame
tant est soluble ma pauvre âme
tant soluble et friable.
Dieu me garde en ma Bastille
m'y tortille comme Robinson dans son île.
Que Dieu me garde crocodile, incivil et viril.
L'homme est seul, parbleu oui !
l'homme est seul, l'homme est enfoui
l'homme est seul dans son sayon
survenu comme un vagabond
sans qu'on sache qu'il vienne,
globule ou papillon, fourmi, graine et gangrène
avec deux noms matricule, ridicule : un état civil.
Incongru, paru, disparu
sans que sa famille ait connu

son âme obscure et sa vertu.
Un homme est seul, un cétacé !
un homme est seul, pas assez !
s'il l'était davantage
de sa cellule avec lui, Son Dieu ferait partage.

EXAMEN DE CONSCIENCE

Comment tombai-je en la noire paresse ?
vouloir trop beau et faible s'endormir ?
J'ai perdu ma vie par délicatesse.
Coupable ou non ? c'en est triste à vomir.
Aveugle fou, mérite-t-il la corde ?
l'enfer, l'exil, le bagne et la prison ?
Dieu qui sait tout me fit miséricorde,
se révéla sans ma postulation.
Il en fut grand l'écho toute ma vie.
Sonne aujourd'hui jusqu'en l'éternité
S'il se pouvait que ma vie ne dévie
ou qu'un remords ait efficacité.
Péché métal ? en moins d'une seconde
au nom divin le métal peut se fondre.
Qu'Haamiach me change en hirondelle
pour survoler l'enfer et ses chandelles.
Mais le péché est un « plus lourd que l'air »
et l'oiseau bleu tombera dans l'enfer.
Couler au fond et cuire sous la cendre
à l'étouffée sans que nul ne l'entende.

Aveugle fou ! Pourtant Dieu me fit grâce.
Alors ! Croyez-vous que je m'amendasse ?

De plus en plus lorsque Dieu t'avoisine
de plus en plus le diable te résine.
Le miel dévot attire les essaims
du séducteur qui déteste les Saints.
Sans être fin voyant chronologiste
suppose bien qu'à soixante ans passés
tu vas mourir ! Ah ! que Jésus t'assiste !
Il n'est pas beau ton linge damassé.
Cache le bois trop veiné de ton âme,
veiné de tigre et couleur de souillon.
Profil de camus en traits d'hippopotame,
odeur d'oignons frits dans le miroton.
Lune cassée ! le repentir la frotte !
S'il se pouvait qu'on en tirât la crotte.

AGONIE

Alors !... la mort est déjà là ?
Regrets donc ! regrets de la terre ?
Elle me fut trop tracassière, terre théière en terre de fer.
Ah ! j'aurai crampes plus terribles :
ma vie et son panorama
où mon aviron noir rama.
C'est toi, passé non trépassé ?
C'est moi qui remonte à ta cible,
moribond qui ne fus pas bon.
Dieu sait tes tours et tes détours.
Dieu connaît mon hypocrisie.
Ma vie fut une tragédie, planches pas blanches et cœtera
ma vie et son panorama !
Savoir quand tu étais sincère,
vieux personnage de la terre :
quand j'étais chaste et vertueux
pour plaire à mon ange, à mon Dieu
ou quand Satan mettait mon masque
le sien en mufle de tarasque ?
Ah ! l'épouvante que voilà
remords qui mord la sombre mort,
remords tout nu sans falbalas.

Bien sûr ! pour moi c'était trop beau
qu'on me conduisît au tombeau
avec la face des élus
transparente et rien de confus !
Mais ce mort ! et cette figure
que l'appréhension des tortures
torture !
Cependant vous êtes pardon !
Donc épargnez-moi les saumures,
brûlures et déconfitures.
J'espère en Dieu ! en vous j'espère
qui ne voulez qu'on désespère.

AGONIE

Mon Dieu ! que je suis las d'être sans espérance,
de rouler le tonneau lourd de ma déchéance
et sans moyens d'en finir avec la terre.
Je transporte Satan comme un intermédiaire,
j'écorne mon blason avec mes haut-le-corps,
je tourne chaque nuit mes visions vers les morts,
je frappe avec mon crâne aux rochers de l'enfer
et les draps de mon lit sont en paille de fer.
Souvent dans mon sommeil la même île électrique
marque en couteau de sang mes noms patronymiques
sur ma peau. Membres, paquet d'anguilles
qu'avec un gai rictus les diables échenillent.

JUGEMENT DERNIER

Ce qu'il faut enseigner aux hommes
C'est que la confession efface avec sa gomme
Nos péchés même graves et nos imperfections
Mais qu'ils reparaîtront à la consommation
Du temps, des temps, des siècles et quand le ciel sévère
Nous rendra comme un juge et non plus comme un père
Jésus-Christ, venu venger la vérité
Et dont morts et vivants ne pourront s'évader.
Les gens ressuscités porteront sur le front
Leurs secrets déclarés et pour leur damnation.
D'abord, on entendra parler guerres, combats
Partout s'élèveront des prophètes ; là-bas
Un terrible empereur ! Il conquerra la terre.
La foi en lui fera tomber la foi du Père
Malgré signe du ciel et l'étoile qui tombe,
Malgré les revenants qui sortent de la tombe.

Mais laissons tous ces vers, ils importent peu à mon salut ; c'est à vous, mon Dieu, que je m'adresse avec mon salut. L'épouvante devrait emplir mon cœur au lieu que par cet art je m'enivre et me vante. A qui donc plus qu'à moi le Jugement fait peur ! Quoi, le ciel et le monde me verront dans mes hontes et c'est sur des vers que je compte ? Ma vie s'étalera devant le monde entier, devant Dieu et devant les anges avant d'être précipité où le veut la justice et mon intempérance. Monsieur pensait en vers ! C'est une belle excuse.

Éloignez-vous de moi ! dit le Seigneur Jésus !
Ce que seront ces temps, je pense m'en rendre compte
Par cette année quarante ; cette année mastodonte :
Les voitures se suivaient roulant des suicidés,
Des fous, des affamés, des esprits débordés.
Les mains jetaient au vent, dans les fossés des routes
Tous leurs biens au milieu des soldats en déroute.
Les magistrats quittaient leurs postes, sauve qui peut !
Les tocsins étaient las de sonner pour le feu.
On frappait aux portes des fermes, des chaumières
Sans qu'on ait vu la main, et des voix de faussaires
Criaient : « L'ordre est donné de vous évacuer ! »
On ne peut ressembler de façon plus docile
Au tableau que Dieu fit tracer dans l'Évangile
De la terre au moment du Jugement dernier
Lorsque l'homme et la bête chercheront un terrier.
Seulement les obus ne viendront pas de l'Est
Ou des avions jetant du feu comme du lest,
Le feu viendra du ciel et n'épargnera rien.
On ne dira plus : « Ah ! la destruction de Gien !
De Tours ou de Dunkerque, de Blois ou de Briare ! »
Ce sera l'anéantissement de la Terre.
Terre astre mort ! Alors dans la vallée de Josaphat
Les morts ressuscités et les vivants privés du nécessaire
Tous ceux qui ont vécu l'Omega et l'Alpha,
Chacun portant sa honte, ou portant son éclat,
Seront là devant Dieu, devant sa cour sublime
Prêt à donner sa gloire, à jeter à l'abîme.

O mon Dieu, faites que je vive pour ce jour.
A votre aide, ô mon Dieu, voyez que je recours
Et faites en tous temps à toutes les minutes
Qu'à l'oubli par Satan je ne sois plus en butte
Que tout me quitte, ô Dieu, mais non pas le souci
Du jour où de vous, Dieu, je recevrai l'acquit !

ART POÉTIQUE. IMPUISSANCE

Ah ! puisque j'ai touché les parois de la boîte
je serai le Persée des têtes de Méduse
que je puisse me crever mon cœur impuissant
que je puisse sur ce papier faire couler mon sang
homme perdu au milieu des arbres
d'apparence joyeuse avec mille petits cris de rat

La source du regard est celle de l'Esprit
l'animal austère est une circonférence
dont le centre est la plume qui écrit
autour de la meule est l'apparence
Mauvais sage, si mauvais ! Dieu t'ignore.

J'aimerais l'angine, l'obstruction de la gorge
et l'empêchement de parler
plutôt que le gloussement de poulet
qui fait pendant à tel hoquet de volaille
Je mastique les douleurs, je les avale
c'est toute la voix claire du poète sonore.

Les bavards sont des gens établis
je préfère le silence des gens injuriés

pour réveiller mon ventre avec des paroles séditieuses
La voix, plante d'or.
Quand se recourbera-t-elle au-dessus de ta mort ?
sans pouvoir dire un mot de plus
que l'homme enterré vivant
tu es rongé par les fils noirs
des insectes entêtés que tu sens
bien du matin au soir.

Je connais le règlement
je ne suis pas sans intelligence
je complote, je me consulte, je poursuis une affaire
d'art mais qui ouvrira mon corps pour écrire des vers
Lanterne ! la lanterne le soir après l'émeute
Diogène cherche un homme : c'est LUI
C'est moi, c'est vous. C'est vous
Seigneur Jésus que je cherche
comme la santé de moi où qu'elle perche.

PRÉSENCE DE DIEU

Une nuit que je parcourais le ciel amour
une nuit de douce mère
où les étoiles étaient les feux du retour
et diaprées comme l'arc-en-ciel
une nuit que les étoiles disaient : « Je reviens ! »
Leur pitié saignait de mon sans repos
Car le malheur a percé mes pieds et mes mains
O résignation, c'est toi qui chantes le laus
Une nuit que les étoiles couvaient mon vol
j'aperçus un astre qui m'approchait
et il me versait un opium qui rend fol
et l'astre me séduisait avec son œil épais.
Tes caresses désenchevêtrent mes membres.
L'amour n'attend pas, il n'attend pas.
Il est astre et je suis plante : nous sommes ensemble
Tu me feras pousser comme un panorama.
Et quand je fus près de l'astre-événement,
je vis que c'était le Beau Dieu, le Concepteur
du monde, le Seigneur, le Génie-Gentleman.
Alors il m'absorba comme une liqueur :
c'est un secret et il n'y a pas de mots pour dire
que mon sang en Lui Dieu se retire
comme en un seul cœur.

LA FOLIE DE ROLAND

Un roman de chevalerie
raconte que Roland, neveu de Charlemagne
fut atteint de folie
et courait les campagnes.
Arrachant les forêts et dépeçant les lions,
enjambant les détroits et soulevant les dunes
Ce ne fut qu'au pays de Lune
et sur les ailes d'un griffon
Qu'on lui apporta la raison.
O mon Dieu, quand je perds l'esprit
à cause du démon et de cent mille affaires,
alors je me confesse avec d'humbles prières
et reçois le Bon Sens avec l'Eucharistie.

AMOUR ENTERRÉ

Moi, patient sous le fouet de solitude amère,
je me dévêts de l'eau de ton amour, puits caché !
De ta petite oreille j'oublie les longs secrets,
ton sourire d'enfantelet, l'éphémère
qu'on ose pas baiser, tes paupières
aveuglées par mes lèvres, sources claires du destin,
froides, chaudes comme la lune en juin.
Imperturbable oubli, vers une autre penchée
de la même douceur pour le trouble d'un autre,
tu naîtras le matin pour un nouveau péché,
altérée des lèvres salées d'un homme.
Ton miroir est signé par moi et tu le donnes !
Tu me quittes avant que me quitte la vie !
Par moi ton âme était scellée et tu la donnes à la forêt
mais mon lierre s'enlace, où montaient mes suppliques
et tes pas ne pourront jamais que t'égarer...

Je cache hors de ta vue, douce comme la prière,
une vie comme une forte fleur de la mer.
Je serais si petit amant que de me plaindre
que le temps est moins prompt à désunir qu'à joindre ?
Vois ! à travers le monde les Hauts Dieux vont descendre.

La grâce du Seigneur est une ombre chargée.
Une épaule brillante échauffe mes vergers.
Saisi, débarque un ange stalactite
parfait ! il foule à ma mesure une beauté rapide.

A LA VIERGE
DE SAINT-BENOIT-SUR-LOIRE

Hivers des fleuves lents allés
d'une rive à l'autre incertaine !
Terre aux jardins n'a plus de veine
dure et sans buis près des allées.

Sourde ta voix appelle en plaine
le passeur de Loire étalée
— grasses langues de vivre vaines
quand sable et saules ont l'onglée.

Passeur d'Achéron ! ta pirogue
où est-elle, passeur des morts ?
et ta houlette quand tu vogues
dont s'éveille le flot qui dort ?

Qu'importe le grand train du fleuve
vague en bosse, en lacis gourmand,
passeur ! que la terre soit veuve
de ce qui n'est coudre ou sarment !

Passe-moi, passeur ! ma promise
Mignonne Vierge à Saint-Benoît

m'attend dans ce coin de l'Église
et l'Enfant-Dieu qui met un doigt

au bec de l'oiseau qu'il desserre !
Chétif, mon luth ne peut chanter
le docte regard de la pierre
dont, humble, est, le mien, aimanté,

— si bien qu'il n'est femme de chair
près du marbre dont je suis dupe
point d'enfants qui me restent chers
de maisons qui me préoccupent —

Suffit d'aimer ! Qu'un autre écrive
si c'est Mommol, Charles, Alcuin,
ou quel sculpteur te fit captive
pour l'éternité dans ce coin !

Souffle, Borée ! pousse, Notus,
le passeur des ondes mauvaises !
Qui sentirait gel ou mésaise
sur le flot qui mène à Jésus ?

Poèmes en prose

CONFESSION A LA MARE
OU LA MARE AU DIABLE ET L'AUTRE

Au docteur Szygeti.

La libellule est un trait bleu qui souligne la chaleur du midi. Elle est la conclusion de la sérénité des plaines. La mouvante et immobile libellule ! elle se déplace, parallèle au ciel vierge, pourrait être, elle le sait, la base du triangle éternel. Quelle leçon d'abstrait à la mare purulente ! Sa trajectoire est celle du poisson mais plus directe. Elle plane humblement comme l'esprit d'un philosophe universitaire. Elle n'entend pas le vorace coassement des grenouilles mâles ni le bruissement de vessie des grenouilles femelles. La libellule se pose sur une toute petite herbe courte et se confond avec elle. Silence ! silence.

Libellule vous êtes ma sœur. Devant s'ouvrit une autre mare comme avec une clé secrète et pour la première fois, je vis le purgatoire noir. Au-dessus d'une mare sans fleur, je vis sur une passerelle sale un inutile évêque en litière : c'était moi. Les oreilles asinaires innocemment blanches d'un démon étaient celles d'un porteur. L'autre porteur avait le profil de l'animal sensuel qui est le dromadaire. O libellule abstraite et sereine, me voici donc en trois personnes !

La libellule est un trait bleu qui souligne la chaleur du midi.

LA TERRE

Oh ! je voudrais m'étirer comme un arbre.

Oh ! je voudrais m'ennuyer comme la Loire.

Depuis tant de siècles l'invisible est le même : je le reconnais ! Il dit, le caillou incrusté dans le sentier : « Je sens le sabot de la fermière enceinte : c'est la même fermière depuis tant de siècles ! » Moi, je tends le cou, mon cou résigné aux sabots de la nature humide.

Elles disent les herbes : « Est-ce le printemps ou l'automne ? » Ce n'est ni le printemps, ni l'automne, ni aucune saison, c'est la soupe de la nature.

Comme cette Loire s'étire ! elle s'étire ainsi que le ciel. Or, il y avait deux immobiles enfants : « Moi, je serai soldat et je tuerai tout le monde. — Moi je serai sur des photos de journal en belle dame. »

Et l'arbre et l'église et la Loire n'entendirent dans l'ouate que ces paroles ce jour-là.

EN CHINE

Les Buttes-Chaumont peintes sur un paravent, c'est la Chine. Quatre Européens menacés de potence sont conduits aux poutres tous les matins avec politesse. Cela arrive rarement. Une dame de ménage en me versant du café me regarde plus que la tasse ; pourtant pas une goutte ne tombe à côté.

L'ambassadeur de France et le muezzin rivalisent de silences et de réticences. Tout est ici net et propre comme au paradis. Ce n'est qu'une apparence.

ET C'EST TOUT

Acteur ! il est acteur ! et tous les jours à une brillante dame il déclare son amour. La dame est acteur ; et acteur son amour.

Acteur ! il est acteur ! et tous les jours il déclare son amour au vent, à la mer, aux arbres ; le vent répond bien, la mer répond en léchant. Arbres ! vous avez répondu par un bruit.

Qu'est-ce que le chariot de Thespis ? le chariot des étoiles lorsqu'il y a des acteurs montés sur des bancs de galerie. Goûtez les sacs, gendarmes ! goûtez les barriques à la bonde. Le chariot des étoiles est arrêté en pleine foire à bœufs. Les bœufs ont levé le cou mais les gens regardaient dans le portefeuille si le compte y est et c'est tout.

Je demande maintenant au tournant de la route à trois dames devant des bocaux vides : Qu'est-ce que le fameux clocher ? Nous allons à la foire, à la foire d'Empoigne, vous êtes fou, bonhomme. Et c'est tout. Cependant le Sang Dieu claquait en tombant.

Et c'est tout.

Il y a des étoiles qui sont des abeilles, ambre foncé et onyx ; d'autres sont des saphirs clairs.

Dieu a les yeux clos.

LES SAISONS

Le printemps est le panier de l'amour.

Au château de Balmoral, au bord de la Dee, j'ai vu des grands d'Espagne s'enivrer du printemps sur des passerelles. Je pense que le Dalaï Lama du Thibet est sensible aux toupillons du printemps. Moi je ne vois le printemps que par un télescope, un microscope. J'ai tout perdu. Je cherche Dieu l'hiver.

A bas les picrocholes, disent les ours veloutés de l'été. Est-il croyable que les méridionaux mènent une vie d'été alors que nous souffrons du gel. Soleil vainqueur et poison, tu transformes les sages de Toulouse en incurables chanteurs. Voilà l'orthodoxie ! voici le poinçon de la loi : tout est grappe solaire qui est chair. Ce n'est pas pour rien que les poires sont des joues d'adolescente. Ô soleil ! camions des usines célestes. Moi je ne vois l'été que par un télescope, un microscope. J'ai tout perdu. Je cherche Dieu l'hiver.

Allons vers la neige ! allons vers la nuit si fière ! allons vers les patinages des pôles.

« Pourvu que vous ne sortiez pas de votre chambre !

— Laissez-moi soulever le rideau de la fenêtre.

— Si vous dérangez votre chaise vous risquez le coryza. »

« Laissez-moi revoir la jeune fille merveilleuse.
« Quand je soulève le rideau de la fenêtre elle est
« là qui me magnétise et m'aimante. Ses pieds nus
« sont dans la neige comme l'empereur Henri à
« Canossa. Une couronne de blés étincelle sur ses
« cheveux blonds. Avec les doigts d'une modiste
« redressant une toque, elle forme une élégante cou-
« ronne d'épines qui a le contour de mon crâne :
« C'est pour toi ! »

PRINTEMPS

Devant cette poussière d'or du soleil, sur l'horizon de la plaine, devant cette poussière d'argent des saules autour des marais, ce bourdonnement des insectes différents, coupés par le cricri dominé par l'épouvante d'un avion, devant cette poussière des fleurs sporadiques, le corbeau replie ses voluptueuses ailes de velours et de soie, se recueille, salue profondément et cherchant dans sa poitrine en sort le cri de pélican qui fut celui du Christ mourant.

Et moi laissant rouler ma tête en pleurs, en pleurs de joie dans mon coude de gnome, de vieillard infirme, je m'écrie :

« Mon Dieu, je suis panthéiste et vous êtes indicible. »

HAUT DOMICILE

Ici je suis comme au terrier : un terrier que ce lit d'hiver, un terrier clair non par la toile et l'oreiller où nulle face de mort ne fut posée mais par les claires images. Ce lit d'hiver est ma montagne entre le houx et le rocher. Ici je suis comme au terrier, exilé, clair par les images.

Nous sommes gardés comme otages par trois groupes de trois ouvriers, trois femmes vierges, trois dont le serre-tête à vous bonne des Bolloré. Tous, otages et les ouvriers sont des aveugles aux mains chercheuses : ils voient plus net par le dedans. Nous sommes sur l'herbe moussue trois femmes vierges dont cette bonne, et par trois fois trois ouvriers, gardés.

Cela ne pouvait pas durer : il fallut descendre en ville. Il paraît que tout est changé : plus de boutiques ni de voitures : la foule est au marché aux puces. Partout la foule pauvre et les baraquements : on vend des viandes avariées, des moitiés de fruits, des fruits blets.

Ah ! que je reste à la montagne entre le houx et le rocher. Plus aveugle en la ville aveugle, ici je vois par le dedans : je vois plus haut avec les cheveux en détresse sur les bas blancs, la femme nue qui serre et serre avec tendresse un cygne qui se débat.

Ici je suis comme au terrier.

MALGRÉ LE BROUILLARD

Rempart ! écrasé par le brouillard, expire, plaine ! elle tire une langue mourante. Rempart : fumeuse corne du peuplier, expire ! Dans l'étroite langueur de l'horizon fermé j'écoute le rauque corbeau, le geai précipité dont l'aboiement strident halète : c'est une comète de cris. Expire aussi, charrette de la mort qui suit ma pensée prisonnière ! Un clapotement d'eau, est-ce le fleuve ou les sabots d'un cheval ? Expire, rivage aperçu là-bas !... il pleut !

Aujourd'hui, je ne vois les villes que comme un dessin à la plume ou un rideau de fils noirs. Vos toits, maisons, des sommets de landes maussades. Hier les campagnes, je les voyais comme une tapisserie de soie mouvante.

REBATISSONS

Il suffit qu'un enfant de cinq ans, en sa blouse bleu pâle, dessinât sur un album, pour qu'une porte s'ouvrît dans la lumière, pour que le château se rebâtît et que l'ocre de la colline se couvrît de fleurs.

MÉTEMPSYCOSE ET SOUVENIRS

Depuis tant de siècles, moi qui vis plus souvent dans mes âmes passées...

Il est vrai qu'on ne devait montrer aucun sentiment en présence du roi Louis. L'allée d'arbres dignes du Poussin à Saint-Cloud peut-être ou ailleurs... Je revois les deux visages ennemis quand il m'arriva de casser une de ces porcelaines que l'on déposait entre les arbres du Poussin sur les talus de sa promenade parce qu'il les aimait. Il m'était interdit même d'avouer ma faute ou d'exprimer mon regret. Telle était la grandeur du roi que ce furent mes deux ennemis qui furent en disgrâce et non moi. On parle aujourd'hui de l'injustice des despotes et on ignore le secret de leurs affaires. Depuis tant de siècles moi qui vis plus souvent dans mes âmes passées, je me souviens mieux des figures de mes deux ennemis dans les arbres du Poussin que de celle du roi juste.

A ceci vous reconnaîtrez une prostituée délivrée de la prison : trois fils noirs pendent sur son front, du bas de ses cheveux vers ses sourcils.

PETIT OU GRAND

Ces couloirs de Palais en des temps de légendes, c'était comme les couloirs interminables des hôpitaux. Avant ma naissance ou des morts, j'ai vécu là, on y parlait tout bas. Les couloirs étaient doubles, celui des seigneurs, celui des petites gens. On les aurait confondus, n'étaient certaines décorations les jours de fêtes ; alors les couloirs des seigneurs avaient devant chaque porte des pots de fleurs de la même couleur suivant les féeries de l'Église : fleurs rouges les jours de certains martyrs, fleurs blanches pour les vierges, vert et or le dimanche. Je me souviens que je n'ai jamais su dans quel couloir je devais passer : petites gens ou grands. Qui le dira ? Les rares groupes de moines, de sœurs, ou de seigneurs parés, les questionnerai-je ? Me connaissent-ils ? et moi-même ? Les parquets sont un rouge lac de glace. Voici les mansardes ! Ah oui ! cela est bien pour moi.

MŒURS LITTÉRAIRES

L'apprenti sorcier frétillait apprivoisé, il souriait d'aise, observant le maître. Il s'offrait aux mots spirituels qui allaient jaillir. Il ne résistait pas, il nageait dans le futur des cours.

Le maître avoua : « Mon esprit n'est plus qu'un polype, une anémone de mer ; dirais-je que mon esprit n'est plus qu'un foie de veau en forme de main sur lequel un invisible boucher tape en vain. » « Oh ! maître, dit l'apprenti sorcier, vous pastichez Huysmans. »

LE CHATEAU DE PAINBIS

Connaissez-vous dans l'Aveyron, sur les rives du Lot le hautain château de Chataignes, le château de Painbis ? Personne jamais n'y a pénétré que M. Viollet-le-Duc bien qu'on y voie la nuit des lumières, bien qu'on en entende les bruits. Quand la Mode vint des monuments historiques vers 1820 ou 30 ou plus tard, on envoya M. Viollet-le-Duc, pour en faire l'historique et la réparation, visiter le château, le château de Painbis. Il fut reçu par un homme à turban, habillé à la persane qui lui dit : « Monsieur, quittez cette demeure et ne parlez à personne de ce que vous avez vu ou vous n'éviterez pas des malheurs ! » M. Viollet-le-Duc crut devoir avertir le commissaire de police, lequel vint en écharpe instrumenter selon les lois, au château de Painbis. On n'entendit plus parler d'eux. On prétend qu'une fenêtre s'ouvrit au-dessus du précipice et qu'une grappe humaine en sortit dans l'espace. Le château de Painbis ne fut pas classé comme monument historique. Un siècle après, des troupes allemandes étant montées jusqu'au château de Painbis reculèrent avec leurs engins sans qu'on ait su les résistances qu'elles avaient rencontrées, et des avions regagnèrent le ciel sans avoir pu lancer de bombes sur le château de Painbis. La légende dit que l'homme au turban est immortel. Croyez-vous aux anges, aux démons, aux fantômes éternels ? Là où le corps est tombé les aigles s'assembleront.

QUELQUES DÉCISIONS DU MONDE OÙ L'ON S'AMUSE

Lundi. — « On s'est amusé hier chez Mélanie : c'était charmant. Répétons-le souvent pour nous en persuader. »

Mardi. — « Comme on s'est amusé hier soir chez Suzanne. Marcel est délicieux, mais Anne-Marie est impossible. » — « Impossible. »

Mercredi. — « On s'est amusé hier chez Jules. Répétons-le ! La peinture de Maurice est charmante, mais la musique de Louis ne vaut rien ! — Paraît-il. »

Jeudi. — Item.

Vendredi. — Item. Alfred s'est tué : c'était un fou ! — Oui c'était un fou.

Samedi. — « Vous verra-t-on demain chez Augustine ? Max est parti chez les Bénédictins. C'était un fou. » — « Oui c'est un fou ! il faut être fou : c'est un fou. »

Dimanche. — « C'est un fou ! car enfin un peu de religion est très comme il faut, mais pousser le fanatisme jusqu'à la retraite bénédictine c'est de la folie. Je vous demande à quoi cela ressemble. Vous savez qu'il... » « Ah ! tiens... »

1903

Boulevard Barbès au 33. — Renseignements ! faisons enquête chez la première commissaire, Mme Ducroquelmarmot. Pensez-vous qu'elle tire le cordon pour un chien, la nuit et ses petits besoins naturels ! Elle le reconnaît à son pas, dit-elle. Je ne puis pourtant pas emmener mon chien à la Banque pour qu'il y fasse ses besoins le jour. Un élégant boiteux, boiteux comme Vulcain, me prend pour un anarchiste. C'était au carrefour du métro là où les boulevards extérieurs se rencontrent avec les cafés et les grands magasins Pygmalion. Paris n'était pas chinois ni esquimau. Me prit donc pour un anarchiste parce que j'étais sans pardessus. Renseignements pris ! et donnés ! ils furent mauvais ; le chien en est la cause. Prenez donc garde aux ecchymoses.

1943

Quelques manettes pour les ondes avec un cent de cartes postales entre la porte et mon linge sale, je te fais faire le tour du monde. Gare la bombe.

LA TÊTE DE CIRE

L'aubergiste au bord de la mer. On n'en finissait plus de contempler les aquarelles de ses clients. Pourvu qu'on ne confonde pas les miennes avec les leurs. Un jour il prit un air malin : c'était pour une surprise. Il alla chercher une grosse fourrure un plumeau noir c'est une chevelure ! un peu roussie de-ci, de-là : on eût dit la nature, puis là-dessous on découvrit toute une figure de cire et si bien coloriée. Je crois que du vrai sang coulait au cou, d'une écorchure : « Mon portrait quand j'avais vingt ans ! » L'aubergiste était chauve. « Le mien aussi », dit un pédant. Tous deux mentaient.

RUINE

Trois morceaux de tarte sur un coin de commode et sur une assiette. A cela, on voit que cette boutique fut une pâtisserie. Il paraît qu'il y eut là une boutique. Combien de fois les cloisons de plâtre furent avancées ! Il ne reste plus que la place d'un lit et ce lit même. Trois poils de barbe sur un coin de visage ! Trois coins d'un miroir brisé ! il s'examine, c'est le fils de la maison : il n'y a plus de maison ! Un veston neuf bien ajusté à la taille. Un chapeau de paille sur le coin d'une oreille. Trois vieux faux cols désempesés ont servi de serviette à sa toilette. On sort ? Il regarde... personne ! le désert avant d'arriver à la plage déserte...

LA DERNIÈRE VISITE

La vieille demoiselle !

Elle a une pèlerine de soie noire ; elle arrive avec sa claudication qui appuie son rire sourd et ses paroles.

Elle arrive dans le jardin, dans la pente du jardin vague.

On la croyait couchée, très malade.

« Ah bien ! puisque le médecin ne vient pas ! c'est moi qui viens vous voir, je vous annonce que je suis morte ce matin à... mais je ne trouve plus mes mots... excusez-moi... si vous voyez une flamme dans une écuelle ce n'est pas la fonte de la cire pour les bougies, c'est mon âme... oui oui ! » et de rire, toujours aimable.

« Bonne santé à tous ! je m'en vais ! »

APRÈS LA CATASTROPHE EN ITALIE

On a retrouvé le cadavre d'un des laquais du palais Spagati, les laquais de l'escalier, du palier de l'escalier au premier étage.

On a retrouvé dans une poche le carnet d'un des laquais et sur ce carnet des notes à peu près illisibles :

1° Ne pas apporter de beurre dans les salons ;

2° Ne pas tourner autour des vitrines d'objets d'art en cherchant une serrure ;

3° Mettre sa livrée avant d'entrer dans les salons même vides ;

4° Ne pas porter de lunettes, ou binocles ;

5° Ne pas prendre de notes sur des calepins ;

6° Ne pas sourire pendant que parlent les invités de M. le Comte Spagati ;

7° Ne pas oublier de rimer « tragédie » avec « j'ai dit » et « congédie » ;

8° Ne pas prendre parti pour Mme la Comtesse ou M. le Comte ou M. le Vicomte même quand on ne nous entend pas ;

9° Ne pas donner à manger au chien en cachette par pitié ;

10° Ne pas regarder le personnel du sexe féminin à l'office ou ailleurs ;

11° Ne pas parler de la famille de M. le Comte les jours de sortie ;

12° Ne pas avoir de journal dans les poches même ceux de M. le Comte.

MIMI PINSON OCTOGÉNAIRE

La pauvre femme, femme de journées en campagne de quoi vit-elle ? « Oh ! quel beau bonnet de dentelles ! – C'est moi qui fais ça ! pour me distraire, et ma camisole de dentelles ! » Elle ouvrit son corsage et nous constatâmes qu'elle avait plusieurs petits seins ! comme une chatte.

Que voyez-vous encore ? Je vois un bouquet grand comme une montagne dans ce bouquet il y a du noir de fumée et du sang de bouc, une Vénus de Milo qui va tomber ; elle est ensanglantée ; des croix déracinées de leur cimetière au crépuscule et l'image flottante du Seigneur au moment où le vent de côté bascule la croix. La croix tombe sur des villes. J'entends les pieds fourchus des vaches de Cybèle emportant dans la nuit l'empan qui n'a plus cours et Dieu qui dit : « Mon cœur unique citadelle pour te garder de meilleurs jours ! »

La pomme qu'Ève tendit à Adam était une clef ! Oh, pas

la clef d'or de saint Pierre ! une clef de fer ! Je l'ai retrouvée : elle est bien rouillée, la pauvre !

ÉGLISES : LA CHAIRE

Toutes voûtes ouvertes : puits, chaire à prêcher. Son dais est le ciel ; ses fondations, l'enfer. Ses prédelles (si je les voyais !), elles et les parafes de ses colonnes représentent les scènes de l'Évangile. La faïence qui enchâsse le dos est toute sanglante des récits bibliques. Écoutez sa voix ! cette voix me tourmente ! Personne pourtant dans la chaire à prêcher ! Personne que le microsonore. O puits de la vérité depuis les souterrains enflammés de l'enfer jusqu'aux gloires (perdues !) de l'Empyrée.

DÉMÉNAGEMENT DE LA SACRISTIE

Sa crédence sacrée danse.

SUPERSTITION DES ENFANTS

Et puis les petits épient les pies épileptiques.

★★★

En mettant du whisky dans son thé, la méchante disait : « Par le nez ! par le nez ! les vieilles meurent par le nez. »

Impudence, imprudence.

Règle m'enterre.

Gothique parvis à pierres sans joints visibles et polies. Pierres roses. La lande aux deux bouts et la mer Tyrrhénienne au bas de la falaise.

— Il y aura la guerre et les bombardements.
— Les colonnes du ciel ne sont pas épargnées. Comment les miennes le seraient-elles ?

MICROCOSME ET MACROCOSME

La puce est un homard minuscule.

Je ne reconnais plus les salles d'étude. Ces dos noirs groupés ne sont pas ceux de mes collègues habituels. Qu'est-ce que ces écriteaux ? Porte donnant sur le bistro ! Porte donnant sur le Luxembourg ! Porte donnant sur le terrain de golf. Ces portes sont fermées à clef.

***

Sur la neuvième vertèbre cervicale, entouré d'un cercle de diamants un grand gros Saphir bleu.

J'ai passé mon lourd sommeil à essayer de déchiffrer des pages d'imprimerie. Un rêve ! le livre était trop loin de moi et les mots trop fins, trop petits : Anaximène, salsifis, tireligne, péjoratif. Un rêve ? oui et plus un cauchemar !

CONFESSION FÉERIQUE

« Tu ne m'emmènes plus jamais dans tes voyages ! — Regarde ! — Je vois un désert sombre harmonieusement coupé des murs infinis. — Mais les routes ? — Les routes sont sur le haut des murs. » O routes sombres, perdues : Nous sommes en Chine.

Le cheval aveugle mis à ma disposition pour les voyages était un ancien ouvrier qui s'était cassé les jambes et avait inutilement essayé de reprendre le métier de couvreur. Il passait le temps à regarder les maisons en construction. Puis il était devenu aveugle et enfin cheval. Quand j'étais garçon de ferme chez Pohu il m'était dévoué et quand ma bicyclette me fut volée pendant la moisson de 1900... il me proposa de voyager avec lui. C'est ainsi que nous arrivâmes à la Ville-Miroir où je vécus l'histoire de mes amours. Je crois pouvoir les résumer en une ligne ou deux : une femme rencontrée dans cette ville du Carnaval fut changée en Bibliothèque et quand je sus par cœur tous les livres du Palais Bagario afin de la posséder, elle redevint femme. Et quelle femme ! elle voulut être grande vedette de cinéma. Tous les ducats que me valait ma mémoire passèrent en traités, en dîners, en pots de vin, en toilettes, en argent de poche. Allons, allons, accepte. Hélas ! je m'élançai consciemment dans la secrète nuit de la jalousie. Elle me prit mon cheval aveugle qui me la ramena fatiguée, blasée, déçue, injuriée. Comme de bien entendu, nous nous pardonnâmes tout.

« Allons vivre dans ton pays natal », me disait-elle. Nous étions trois sur le cheval aveugle : le troisième c'était moi en garçon de ferme.

Quand nous arrivâmes à la ferme de Pohu, il n'y avait plus de ferme, mais un grand écriteau sur lequel ces mots : *Tourisme Aviation.* « Quelle concurrence », dit tristement le cheval aveugle, qui s'allongea dans l'herbe. Il fallut le piquer pour qu'il repartît.

CARNAVAL

Chaque collerette, chaque pli des manches avait été dessiné par l'artiste avec un style exquis. Les Pierrots de ce carnaval étaient autant de chefs-d'œuvre. Cela se passait dans une ville où le Pont-Neuf suivait les perrons de la Trinité. L'artiste était là, lui-même et son chapeau haut de forme était du même style exquis. Son crâne aussi. Il me regarda avec une attention mêlée d'affection. Moi, je connaissais les profonds soucis que n'exprimait pas son regard. Le cadavre ! le cadavre d'une femme qu'il a réussi à conserver dans l'atelier de Montmartre. Oh ! quelle horreur et quelle malédiction ! Il a réussi à lui donner quelque vie mais il ne peut chasser l'odeur, l'odeur cadavérique. Que de Pierrots sur les marches de l'église de la Trinité, sur le Pont-Neuf. La musique des orgues parvient jusqu'ici.

FAMILLES CHRÉTIENNES

Il s'est passé un grand événement à l'École congréganiste de X. Un formidable miracle ! Un moine battit un jeune homme parce qu'il s'était moqué de lui. L'adolescent prit le Christ à témoin qu'il ne se moquait pas, et le Christ de marbre blanc étendit son bras sur la victime pour la bénir et du même bras souffleta le bourreau. Toute la classe était à genoux. Des vocations naquirent, que pensez-vous qu'il arriva ? Les familles furent émues. On retira les enfants du pensionnat non parce qu'on y battait les enfants mais parce que l'éducation était « beaucoup trop mystique » *(sic)*.

CONVERSATION D'ENTERREMENT

Par suite de je ne sais quelles circonstances, le célèbre M. X... assiste incognito à cet enterrement. Il n'y a que moi qui le connaisse ou le reconnaisse au cimetière. M. X... reconnu montre sa reconnaissance, il s'approche de moi, me parle de mon ami Georges : « Il est justement ici !– Et vous l'avez laissé seul ! – Oh ! vous savez ! Georges ! quand il a un bon feu, une bonne bouteille et un mauvais livre... – Vous êtes trop modeste si vous parlez des vôtres. – Georges ne lit pas mes livres. »

CÉLÉBRITÉ

Définitivement ou décidément : mannequin !

Richissime mannequin où les yeux vivent on le porte ici ou là. Des voitures s'arrêtent, des dames en sortent : le mannequin ne parle que d'un langage désagréable. Les voitures s'en vont comme une jaspure. D'autres les remplacent. Une voiture noire emmena le mannequin. Il faisait froid. Tout était neige et verglas. La glace devint si mince qu'on aurait aperçu l'eau noire du Styx. Le mannequin dit : « J'ai peur ! – N'êtes-vous pas célèbre ? – Je suis sincère. » On rit.

Il est certain que la traîne est un signe de richesse : un cardinal à son entrée dans le monde est plus riche qu'un juge d'instruction. Une dame de peintre avait en vertu de ce principe une robe à traîne bleu de roi en oraisons à cause de sa maladie d'estomac. Mais pour marquer que la fortune de son mari passait aux médecins, la traîne était brochée de vastes cachets d'aspirine armoriés. Le mari préférant ne pas assister à cette maladie étant trop sensible : il était invisible et présent comme Agrippine. La traîne est un signe de richesse c'est pourquoi peu d'hommes sont riches, ce sont les dames qui le sont pour deux. Les enfants ne sont jamais riches ; ils portent la traîne en costumes de riches mais ce costume est loué. La dame du peintre avait une fausse traîne, une traîne-réclame.

ÉTUDIANT NOUVEAU

Repéré le fils de famille ! Des boutiques, on l'a vu descendre de taxi. Les dames mûres l'ont reconnu comme tel à son chapeau neuf. Oui, oui ! c'est un pauvre hôtel que celui où il s'arrête : parbleu ! les étudiants n'est-ce pas ! et les femmes échangent des coups d'œil pleins d'espoirs : laquelle saura le prendre et le garder ? Cependant le fils de famille s'étonne des couloirs étroits tournant en rond dans une vieille maison parisienne. Son père a vainement sollicité un bain : il n'y a qu'une antique baignoire en fer et sale. Les plantes vertes du vestibule étaient trompeuses : il n'y a pas de bain pour le père du fils de famille. Scène du quartier latin ? Pensez-vous ! Mais non, cela se passait rue de la Roquette.

SCÈNE DE BASSE-COUR

C'est une trouvaille qu'a faite le coq.

Il ira déchiffrer un coin de prospectus qu'il tient au bec : « Vous verrez qu'il a des secrets pour moi, dit la poule.

– Tout est secret pour qui sait lire. Moquez-vous, la belle ! à votre habitude.

– Point de secret qui ne fasse rire.

– Par ma foi ! le rire est la limite de l'esprit : et le vôtre est bien court. Mais assez là-dessus : qu'on me laisse à mes études ! Amusez-vous, ricaneuse grondeuse ! »

Cependant la poule couvait, le coq important lisait.

Au-dessus de tout ce ménage Dieu veillait, lointain, trop proche. Éternel, unique et patient.

LE BALCON DE JULIETTE ET DE ROMÉO

Ce balcon ! c'est le kiosque de la musique militaire ! Oh ! je connais bien le flûtiste de l'orphéon militaire ! Je connaissais aussi Eugénie la bonne du docteur. Un dimanche le concert militaire donnait des fragments de *Guillaume Tell*, opéra. Au milieu du silence s'éleva la barcarolle : « Sombres forêts » et le flûtiste jouait seul et le solo montait dans l'air de l'été. Les arbres du mont Frugy s'inclinaient pour entendre. Les arbres des allées de Loc Maria s'offraient au ciel. Le flûtiste de l'orphéon était attentif ; il était ému ! Cette barcarolle de *Guillaume Tell* était par la flûte une déclaration d'amour à la bonne du docteur. Elle le savait la bonne du docteur ! Elle serrait contre ses genoux les mains enfantines dont elle avait la garde ; elle regardait extasiée le kiosque et l'orphéon. Le chant du rossignol ! le chant de l'alouette ! le chant de l'amour partagé.

Le cercle des auditeurs se défit. La foule s'écoula.

J'ai rencontré le flûtiste vingt ans après : « Je me souviens que nous partions le soir même aux grandes manœuvres ! Quand je revins à la garnison, elle n'était plus dans la ville ! Je ne lui avais jamais parlé. »

CHUTE D'ICARE

Hier en amont, fier de sa montgolfière à quoi se fier ?

MŒURS 1944

Oui, oui, disais-je en descendant la route de Penhars, la route en méandres, la route enlacée, encore un peu de marche et tu vas trouver la chapelle. C'est une église de style gothique breton, tout abaissée, toute ramassée. Nous y voilà ! Ah mon Dieu ! quelle déception ! au lieu de la solitude des bonnes dalles qui couvrent tant de tombeaux saints, je trouve Marie Bidault, son ménage et sa batterie de cuisine.

VISIONS INFERNALES

Les flammes blanches se tordaient autour des braies du zouave. Personne ne s'en apercevait, pas même lui. Il commandait : « Douzaine de Marennes, d'abord ! perdreaux froids en gelée, ensuite ! Et puis, champignons farcis ! Que dirions-nous d'un soufflé au rhum, avant les fruits? » Sous la table il y avait de gracieuses nudités. Les flammes montaient avec des voluptés griffues. Un ange pleurait quelque part. « Vous ne voyez pas le feu ? » dit un enfant.

PAGE D'HISTOIRE

Là, toute table était Louis XV, là tout fauteuil, tous les tapis étaient d'Aubusson. Les vitrines montaient jusqu'aux plafonds peints par Lebrun et qui représentaient le Styx. Plafonds ! vous ne mentiez pas.

« Ce qui ment ici ce sont les hautes fenêtres s'ouvrant sur les jardins à la Française. Fenêtres, vous mentez ; jardins, vous cachez l'Achéron et les puits de l'abîme. La preuve en est que des puits de l'abîme montaient les gémissements affreux. »

« Monsieur le ministre, vous êtes une sale truie, hurlait le démon Azazel sous les traits du célèbre X...

— Vous en êtes une autre ! hurlait le démon Amaymon sous les traits du célèbre Z...

— Monsieur l'ambassadeur, je couche avec ta mère, déclarait le démon Migalésus.

— Ma mère, cochon, ma mère ! laisse-le, Jules, c'est un costaud !

— Je m'en fous ! dit le démon Mahazaël. Donnez-moi un million ou je fais dégringoler vos armoires à coups de revolver.

— Mes dossiers ! mes dossiers ! ne touchez pas à mes dossiers, salaud !

— N'y touche pas, Mahazaël ; ce sont des bouteilles et des cigares.

— Allons ! messieurs ! ne vous battez pas ! dit l'huissier qui n'était autre que le démon Oriens. Je fais observer à ces messieurs qu'on entend tout du vestibule.

— Il a raison ! dit le démon Samaël. Voyons ! un peu de silence : il faut rédiger le communiqué. Rédigeons, je vous en prie ! Et le communiqué à la Radio et à la Presse ! »

Alors l'enfer se tut et des puits de l'abîme monta une grande voix tricolore :

« Messieurs, je propose ce texte dont j'attends les amendements :

« Réunis dans un esprit de paix et de concorde, les délégués n'ayant en vue que l'honneur de la Patrie et l'avenir de la France et de son empire, etc. »

Blasé, l'huissier ouvrit une porte à deux battants, il découvrit l'enfer lui-même et des têtes d'animaux sur des corps d'hommes : il y avait au-dessus des passerelles et les délégués se firent des révérences pour se céder le pas. Une heure après ils déjeunaient chacun chez une duchesse, une marquise ou une simple financière. Là tandis que des démons d'une autre espèce que la leur jouaient les œuvres de Bach, Beethoven et Mozart, ils parlèrent de la peinture de tous les siècles.

Dans la rue le ciel était de plomb et sillonné d'un tonnerre rouge.

NOS VERTUS TERRESTRES SONT DES CHATEAUX AU CIEL

On s'aperçoit qu'on est mort par le manque de nuit : le jour clair ! J'habitais un blanc château fort sur le haut d'une Butte Montmartre. Le Roi y venait : quand on jouait la comédie, il paraissait en scène avec des élus ordinaires pour symboliser qu'il n'y a plus de grandeurs, mais la grandeur. Les combats de lions et de sangliers qui se donnaient dans la cour du château étaient mes péchés passés, les combats de chiens blancs, les péchés véniels. Le cimetière qui est derrière mon château marquait les morts nouvelles et je rencontrais dans l'escalier les élus de mes amis. Deux jeunes ennemis qui m'ont fait tant de mal parurent sous la terrasse. Ils levèrent les yeux : « Quoi ! morts si jeunes, dommage pour l'art. »

ART RELIGIEUX

Je me trouvai à Bergen pour les sports d'hiver et j'entrai dans un bazar : « Je voudrais rapporter un petit souvenir à des enfants. » Une vieille demoiselle me montra une poupée qui marchait, parlait plusieurs langues et se déshabillait : « 10 000 marks ! » Je ne pouvais dépenser que dix francs. La domestique m'offrit un petit patineur en soie et fourrures blanches. « J'aimerais savoir l'idée que les petits enfants Esquimaux se font de Notre-Seigneur ?

— Je comprends, dit la jeune servante, il faudrait vous adresser plutôt à Paris, place Saint-Sulpice. »

LE RÈGNE DES PROPHÈTES

Il n'y a plus de blé pour le pain.

Il y a encore les vieux monuments si bien réparés.

Il n'y a plus de beurre pour les œufs.

Il n'y a plus d'œuf pour le beurre.

Il y a encore les cicerones dans les vieux monuments.

Il n'y a plus, il n'y a plus de veau pour les côtelettes de veau.

Il n'y a plus de mouton pour les gigots. Plus de mouton, plus de moutarde.

Mais les cicerones ont la science, Dieu merci.

Et un peu d'imagination servira.

Un jour un très saint évêque se promène dans une très antique église.

« Monseigneur, nous n'avons plus de cire pour les cierges, nous n'avons plus de cierges pour les saints, dit le cicerone, nous n'avons plus d'huile pour les lampes du sanctuaire.

— D'où viennent donc toutes ces lumières qui étincellent ? répond l'évêque. Avez-vous l'électricité ?

— Votre Grandeur se moque de son humble guide. L'église est sombre.

— D'où vient que les lampes sont allumées sur le piédestal des statues et les auréoles des saints ?

— Votre Grandeur est un voyant du ciel », dit le cicerone qui s'agenouille.

Et quand l'évêque fut parti le cicerone rencontra la bicyclette de M. le Curé.

« Monseigneur est devenu fou.

— En voilà une nouvelle, dit M. le Curé. C'est impossible. Dieu n'aurait pas permis un pareil malheur. Vous avez vu Monseigneur ?

— Il n'y a plus.

— Il n'y a plus, il n'y a plus.

— Il n'y a plus de pré-salé.

— Mais les évêques deviennent des voyants.

— Plutôt n'est-ce pas que les voyants deviennent évêques ? »

ON N'ÉCRIT JAMAIS QUE SES MÉMOIRES

De mon temps, il y avait beaucoup de blanche électricité les soirs d'exposition de cadres, et moins de smokings que de toilettes de prix, de Grand Prix. On arrivait là pour être au courant, pour être au courant ou pour donner l'illusion de l'être ; on arrivait plutôt en sortant du théâtre qu'en y allant, car, tout compte fait le théâtre ça ne plaisante pas, à lui l'honneur. La peinture décorative à la mode alors valut maintes décorations, des remerciements réciproques. Merci ! Ce soir-là la mignonne bergère des cadres chers appuyait sa houlette à une humble et surprenante petite table de cuisine et dirigeait maints commerces : « Tu veux aussi un smoking comme ces gens, Michel ! va te faire prendre mesure dans le cabinet du comptable. Georgette, fais-lui des prix ! Alors ça marche la peinture... C'est moi qui t'ai envoyé Doucet. » Cependant le vieux maître de la méditation picturale qui est aussi le maître des divans profonds ou non rencontre (était à n'en pas douter) la femme légitime séparée et non divorcée, il la reconquiert d'un sourire. La dame n'est « pas facile » comme on dit, mais toute femme est l'esclave des maîtres quand ils n'ont pas volé leur titre. Et voici la maîtresse du maître, l'autre belle, solitaire et abandonnée comme la Vénus de Milo (cache-poussière mauve sur une robe de perles). Abandonnée sous l'œil des barbares. C'est une fin d'acte, la fin d'un acte. Comme si la vie n'était pas divisée en actes. Je joue le dernier de la mienne et je retouche les actes précédents... les jours de bonne humeur on n'a que les souvenirs qu'on veut avoir. Les autres jours, j'ai la sévérité d'un Caliban lucide. L'air mord les remords. Remords-toi, méchant, alors j'écris mes mémoires dans mes os avec mon sang.

A l'âge des enchantements : « Oh ! les châteaux dans les forêts !

— J'ai aperçu la Béatrix du Dante. Nous avions le même âge ! et mes premiers vers ont célébré sa chevelure sans que j'osasse même les lui faire lire. »

A l'âge du pathétique : « Oh ! les dictionnaires, les examens et les soucis d'argent ! — J'ai aperçu ma Béatrix sur la scène d'un théâtre. Les femmes sont des sphinx, ai-je pensé ; elles se nourrissent d'hommes spécialisés qu'on leur passe dans les barreaux d'une cage. »

A l'âge des cheveux blancs, j'ai — les siens étaient teints — j'ai rencontré ma Béatrix dans un salon, et je lui ai parlé en souriant de ma jeunesse et de mon amour : « Ah ! vraiment ! me répondit-elle, c'est extrêmement curieux. » Et je pensais : « Quelle vieille idiote ! »

L'AME ET L'ESPRIT

Je pense à ce prince de Malaisie qui n'avait d'humain que la moitié du corps, le reste était en marbre noir.

Je pense au grand rocher du parc et au miracle de mon adolescence rêveuse. Écoutez son histoire, vous qui croyez aux miracles... Beaucoup croient aux miracles parmi les gens sérieux : je suis avec eux et comme eux. Croire aux miracles dispense des efforts de l'esprit, ô gens sérieux ! A l'âge des cheveux bouclés et des têtes hautes, j'allais souvent au fond du parc de mon père. Il y avait là un rocher à demi couvert de mousse et de lierre. J'ai toujours aimé fixer les pierres et les voir s'animer — encore aujourd'hui je vois des figures et des scènes sur l'angle de monuments ou des falaises. Au fond du parc de mon père !...

Je m'asseyais sur un banc et je regardais le rocher, la mousse et le lierre et chaque fois il se transformait de la même façon. Un chameau ! un vrai chameau de pierre ! et sur le dos du chameau un Arabe de pierre. Sans doute un prince si j'en juge par son costume ! Un été que les vacances m'avaient ramené à la famille, je revins un soir — le premier soir de mon arrivée — contempler la pierre que mes yeux transformaient en statue habituellement. Je fus très ému... on le serait à moins... le chameau était vivant ; il tourne vers moi son œil d'almée et son cou rose. Le prince était resté de pierre ; et vêtu somptueusement de ses feuillages habituels. Plus tard, j'appris à regarder de tels miracles comme des avertissements angéliques. Quand je réfléchis à la métamorphose du chameau de pierre, je me souviens du conte malais du prince de marbre et de chair. L'âme peut progresser sans que l'esprit la suive.

AVANT-GUERRE

Quelle foule le dimanche soir à ces bals-dîners des Colonnes ! regardez les deux buveurs qui se lèvent pour danser. Le chapeau clair du complice est une paire d'ailes et la dame s'envole en froufroutant comme une colombe. Pauvrette, est-ce que je vais te plaindre ? la face du danseur étiquette ce qu'il est et les ténèbres entre les colonnes disent où le danseur, à travers les tables fumeuses et détruites, te conduit.

ÉCRIVEZ VOS MÉMOIRES

Qui se souvient du Passy d'avant la Tour Eiffel ? Tous les témoins sont morts, sauf moi peut-être. De loin quand on arrivait en bateau-mouche, on apercevait autour du Trocadéro une cité de villas blanches et de palais. C'est là qu'habitait Rosa-Josépha, phénomène des cirques ! (on ne parlait pas encore de music-hall). Elle habitait un rez-de-chaussée. C'était une poupée à deux branches somptueusement habillée de velours marron et qui jouait sur un tapis. Une dame brune en dentelles blanches s'occupait peu d'elle. Je vis la cour du logement meublé et dans un tilbury un officier moldave en grand uniforme dont les impresarii payaient le luxe. Un frère ? un mari ? Le souvenir de cette visite ne m'est pas resté. Je devais retourner en tramway place de la République et me laissais entraîner plus loin, jusqu'à Vincennes ; sur les rails je perdis une petite valise assez vieille. Un homme en gris m'attendait sous des marronniers et qui est moi-même. Rosa-Josépha a deux âmes en un seul et moi j'ai une âme en deux corps.

RETOUR D'UN CHEVAL ABSENT

Je suis presque effrayé de ma jument noire ! Elle se nomme Avalanche. Cheval fidèle ! Doux serviteur, cesse de glisser en rond dans cette cour de mon enfance ! Pourquoi as-tu été absente ? Toi qui fus mon amie quand j'entrais en conquérant sur les landes de nos falaises. Au printemps, nous avons bu aux mêmes éclairs. Oui ! oui ! Nous nagions, ô ma pimpante, dans les mêmes vagues de la mer pour nous laver de nos sueurs. Je me souviens qu'un matin, je t'avais couronnée de fleurs blanches ! Toutes les portes du domaine sont fermées encore, car je me suis levé tôt. On dort. Mais toi ! Tu me reviens à l'aube et après tant d'années !

Dans quel état, ô mon archange souillé ! Tes poils sont longs, tu n'as plus de selle, ni de guides ? Quoi ! Tu t'accroupis comme un chien pour m'inviter sur ton échine. Doux serviteur ! Mes genoux de cavalier sont rhumatisants. Regarde mes vêtements noirs, rongés par les mites. Avalanche, jument noire, tu es ma jeunesse généreuse. Va ! va-t'en ! séparons-nous, chère jument noire. Cette fois, c'est moi qui te quittes. J'ai maintenant à l'écurie un autre cheval : il porte une croix au front.

« MAX EST UN FOU » (TOUT LE MONDE)

Au docteur Szygeti.

Raisonnons !... raisonnons... sur la pluralité des mondes habités ! Malgré le beau soir de printemps orné d'herbes folles (ah ! ah ! elles aussi !), de pâquerettes et de boutons-d'or à hauteur de genoux, je vis dans la crainte à cause du bruissement de la Grande Conque universelle : serais-je, comme chacun le répète, serais-je un fou ? Raisonnons ! Dieu rend fous ceux qu'il veut perdre. Or Dieu étant bon ne peut que vouloir me sauver : donc je ne suis pas un fou. Mais si j'étais un fou, Dieu n'a-t-il pas dit :

« Vous qui êtes insensés, venez à moi ! »

Mon Dieu, comme insensé je viens à Vous et non au diable comme vont les autres fous. Si je vais à Vous c'est donc que je ne suis pas un fou. C.Q.F.D.

Le surplus de mes réflexions concerne les phénomènes purement naturels tels que l'affluence des moucherons dorés lesquels n'ont rien de l'hallucination des fous et qui n'apparaissent que comme signes d'autres moucherons non dorés parce que la nature a horreur du vide. Certes oui ! horreur du vide. Vous qui savez regarder, voyez ces électrons, ces ions, et tout l'infra-violet des tièdes corpuscules. Vous qui savez écouter, entendez les dièses et les bémols du silence kilométrique de l'azur ! Horreur du vide ! Il s'agit de savoir entendre le bruissement de la grande coquille kilométrique. Un arbre pareil à quelque garçon de café immobile et chargé de soucoupes empoisonnées ! Je parle de la fleur nommée sureau qui distribue des écharpes narcotiques qu'une autre langue appelle « feux d'artifice »... mais !... qui connaît le langage des anges ? Ces écharpes narcotiques sont mon linceul, le linceul des petits mouvants menhirs chauves tels que moi. Cependant ! Il n'y a là rien des hallucinations de la folie et la science sous le nom de physico-chimie (et non de psychiatrie) expliquera bientôt combien d'électrons il faut pour constituer ce linceul, ou ce qui constitue le langage des fleurs ou celui (connu d'ailleurs) des anges. Alphabet du sureau, je n'ai pas l'horreur du vide, mais j'ai peur des enfers aériens qu'on appelle le vide et la Grande Coquille kilométrique.

Oh ! pardon ! j'ai failli... Faites donc attention, Madame ! du bout de mon pied de menhir, j'ai failli !... Je vous salue ! je vous salue, Madame ! (soyons prudents ! ménageons ces envoyés des enfers aériens). Je vous salue, Madame la mandragore ! (Tout le monde sait ce que c'est qu'une mandragore ! Tendons-lui poliment mon drageoir). Vous êtes reconnue, Madame la mandragore. J'ai failli du bout de mon pied vous envoyer à la Loire : ce que c'est aussi que n'avoir pas la tête plus grosse qu'une noix de cirage. Ce n'est pas votre panache de fourmi jaune et vos cuisses de grenouille qui vous sauveront de l'écrasement. Tout le monde n'a pas mon tact ! Vous avez quelque chose à me dire ? Oh ! pardon ! je croyais à votre air de reproches que vous alliez commencer l'éternel plaidoyer des envoyés du diable. Parlez, vous aussi ! Parlez, Madame ! Parlez ! je vous y autorise, bien que je puisse d'une chiquenaude de mon pied vous envoyer à la Loire. (Soyons prudents !). Parlez ! je vous écoute ! Tenez, j'enlève mon béret, je vous salue (hypocrite). L'éternel plaidoyer des objets sataniques, à savoir que 1° j'appartiens à l'enfer et non au ciel ; 2° que le nombre de mes complicités, de mes scandales... oui ! eh bien, assez ! non ! je ne vous autorise pas ! je me connais mieux que le diable et vous ne me connaissez !... Et puis les fous ne pleurent pas de remords, Madame, ils rient ! ils rient ! ils rient !... ils... rient ! Mais raisonnons ! Puisque vous paraissez, vous aussi, raisonnable ; si j'étais ce qu'on appelle « fou », un fou, un vrai fou, je ne saurais ni écouter le langage des arbres, ni démasquer la véritable personnalité des racines, ni patienter devant des mandragores... patienter.

Je pense qu'il est temps d'aller se coucher. La plupart des folies ne sont que des sottises.

ROMAN 1943

A cheval ! c'est à cheval que nous partions : ma foi, je m'y tiens assez bien ! vous en êtes surpris ? Pas autant que je le fus moi-même. Le palais dans le désert est couvert de sculptures et d'inscriptions qui m'occupaient moins que ma monture. Je me disais : Qui sait si dans vingt siècles l'Arc de triomphe de l'Étoile ne servira pas de but à des excursions touristiques dans un désert et si moi-même... Mais je ne crois pas à la métempsycose, qu'allais-je dire là ? Le métier de cicerone me va ! n'était, qu'il faut à l'aller et au retour, soigner les chevaux. Un bougre à faux col et à binocle m'y aide : « Du temps que j'étais journaliste à Paris... » Il raconte avec enthousiasme les café-crème des Halles. Les belles couleurs de mes joues et la rondeur de mes épaules me sortirent encore une fois d'affaire et de la Compagnie Transatlantique et me voici de nouveau millionnaire dans une capitale chez une Américaine, j'engraisse, je deviens rond sous le drap fin de ma jaquette, c'est le moment de collectionner des bibelots et d'écrire mes mémoires. Ne voilà-t-il pas que je suis ruiné : faisons des affaires.

SI LA MORT DE GUILLAUME FUT CHRÉTIENNE

Et j'avais si bien cru qu'il allait mourir que j'avais en pleurant dessiné le lit de son agonie. J'avais même, il faut l'avouer, des préoccupations plastiques. Le lendemain, il circulait dans Paris, robuste et sublime. Un matin au Sacré-Cœur de Montmartre deux grands chats noirs me serrèrent contre eux. Une voix disait : « N'ayez pas peur ! » Le Sacré-Cœur me parut une de ces forteresses roses qui décorent le sommet des collines italiennes et lui, Guillaume, fut comme un oiseau à tête d'homme au-dessus. Était-il mort, le cher lyrique ? Mon dessin n'était pas fini. Je le rencontrai à la tête d'un groupe de disciples : était-ce lui ou le Dante ? Bien vivant, ah ! certes ! Guillaume n'était pas mort. Un abbé de grande taille et intelligent me dit : « On ne peut pas être plus vivant que n'est Guillaume Apollinaire. Achevez pourtant le dessin de sa mort et mettez ma silhouette à moi en bas et à gauche. »

AMOUR DU PROCHAIN

A Jean Rousselot.

Qui a vu le crapaud traverser une rue ? C'est un tout petit homme : une poupée n'est pas plus minuscule. Il se traîne sur les genoux : il a honte, on dirait... ? non ! Il est rhumatisant. Une jambe reste en arrière, il la ramène ! Où va-t-il ainsi ? Il sort de l'égout, pauvre clown. Personne n'a remarqué ce crapaud dans la rue. Jadis personne ne me remarquait dans la rue, maintenant les enfants se moquent de mon étoile jaune. Heureux crapaud ! tu n'as pas l'étoile jaune.

PETITES ANNONCES
SEPTEMBRE 1940

M. Degat-Fontcent, ingénieur des mauvais tabacs (vous devriez avoir honte, ingénieur) et Madame, née Ilnyaka.

Mlle Degat-Fontcent, pianiste virtuose sur route ont la douleur de vous faire part de la perte qu'ils viennent d'éprouver d'une auto Wenceslas, modèle 1939, entre Wassy-Saint-Dizier et les Bouches-du-Rhône.

Plus une douzaine de montures genre mécano en oxydé léger.

Plus deux douzaines de cuillers à thé en métal gras.

Plus une voiture d'enfant à la coque du type « rescousse ».

Plus une véritable fortune en papier-monnaie expertisé mais non garanti.

Plus une conscience en peau d'Ubu dans une valise d'une valeur de 500 francs-or.

Plus quelques espoirs en duvet d'édredon, souvenir de famille sans valeur marchande, mais d'un prix inestimable.

Le tout à rapporter sous récompense — ou partie — chez Mlle Flore Durest, rue des Gouvernements, à Wassy-Saint-Dizier.

Dans les faubourgs d'une ville là où commencent la campagne et les arbres séculaires se dressèrent un homme nu et une femme. Oh ! comme ils sont grands ! Comme ils sont beaux ! L'homme fit asseoir la femme au pied d'un chêne. La femme s'allongea et l'homme fit mine de ramener la couverture sur leurs épaules mais ce n'est pas une couverture... ce fut tout le faubourg, toute la campagne aux arbres séculaires qu'il ramenait et qui les enterra tous deux.

Regardez ! regardez la loge ! Regardez l'avant-scène ! Une dame a une longue tête de cerf et des cornes qui vont au plafond de la loge. Ce n'est pas une tête de cerf, c'est un squelette. Les faces qui l'entourent sont des faces de loup ! La lumière s'éteignant doucement donna une couleur verte à cette vitrine.

AU PARADIS

Me voici au Paradis ! moi, maigre potiron noir ? au Paradis ? Non ! Ne vois-tu pas des gens de connaissance ? De connaissance ? De reconnaissance ? Tout le monde a de longs cheveux qui viennent d'être huilés et les plus chauves de la terre sont les plus chevelus. Mais, je n'ai pas le droit de plaisanter d'un lieu si saint : je ne résiste pas, hélas ! C'est moi, dit Pierre Colle qui toi ? Excuse mon erreur, avec ton auréole un peu sombre je te prenais pour Miss Helyett (une héroïne d'opérette en 1891), vous êtes trop jeunes pour avoir connu ça. Bonsoir, Gertrude : la scène représente une galerie de tableaux : Gertrude me regarde avec bienveillance. Oh ! comme vous êtes belle ! en vérité ! Est-ce que vous me permettez de vous embrasser ? Ainsi ! nous nous embrassâmes ; puis Gertrude se recula : « Ah ! ça ! qui donc êtes-vous ? — Max Jacob ! » Plusieurs fois je répétais très haut mon nom. Était-elle devenue sourde ? Sourde mais bienveillante.

FOLKLORE 1943

I

Ali Baba ou les quarante mille voleurs.

II

Et plein de repentir, il m'apporta pendant la messe le paquet de tabac qu'il m'avait refusé.

III

« Non ! nous n'avons pas de sabots pour dames ! mais voici un cartable pour écolier. » Paille et ficelle ! c'est très mode !

IV

Des sabots pour dames ! nous les faisons en drap de soldats morts. Par les découpures brodées le sang coule en cas de blessures et ça fait piste sur la neige.

V

Le Paradis est une ligne de craie sur le tableau noir de ta vie, vas-tu l'effacer avec les diables de ce temps ?

VI

C'est lui, le feu ! un foyer de famille ! il rôtit ce qui s'en approche, oui, c'est bien le feu important, urgent jusqu'au mal de tête. Plus clair ! toujours plus clair ! malgré cendres, suie et charbon, fumée. Je ne perds pas une occasion d'y forger du métal en famille. O fortune ! ô fortune ! le feu chante ! chante ! hélas ! il chante faux. J'ai mis le feu moi-même au signal lumineux pour chasser le gibier, pour plier le bois pour me cuire en bouillant. Alors ! comment va la fièvre ? le malade est sec à la cuisson. Nous aurons notre vengeance. Ah ! ah ! ce sera la misanthropie, la cruauté, la médisance, voire la calomnie. La terre entière brûlera. Ah ! ah !

AUX PÈLERINS D'EMMAÜS

Je ne sais qui était là : c'était l'un de ces bistros où ma jeunesse s'est évanouie. Une table de marbre blanc est l'endroit où la traditionnelle glace atteignait le coin du mur avant de continuer. Je portais un pauvre chapeau rond et ma figure interrogeait l'œil malade du Seigneur (c'était lui ! Il ressemblait plutôt à saint Jean-Baptiste, mais c'était bien lui). « Puisque Vous êtes Dieu et que Vous savez tout, dites-moi quand finira cette guerre ! » et j'ajoutais « ...et qui sera le vainqueur ». « Vous le dirais-je pour que vous alliez faire le prophète dans les salons ? » Il se tut. Le soir tombait. Il n'y avait pas de boisson sur la table.

GUERRES ET AMÉRIQUE

A votre tour, fourmilière américaine ! Habillez-vous en infirmières, en officiers ! Les hôtels devinrent de fantastiques bureaux. Quelle activité dans les ascenseurs et dans les comptabilités ! Un beau jour, il y eut comme la rayure d'ongle du tonnerre dans un nuage : les caissiers se trompèrent aux additions des milliards de tonnes ; plusieurs se suicidèrent ; plusieurs devinrent fous ; des ascenseurs emplis s'arrêtèrent entre les étages sans qu'on pût les remettre en marche. Les esprits pétillaient encore merveilleusement avec optimisme, mais, de plus en plus, ce n'était que vocalises et poulailler. On eut bien l'idée de changer de manettes : mais non ! chaque nouveau maître affrontait de nouveaux mensonges, une jungle d'erreurs.

ÉGRÉGORS

Flambée et non pas spectre ! Magnétiseur si on peut dire un si grand mot d'une si petite grosse tête. Tu as une tête bien joyeuse, mais pourquoi si près de mon œil ? et le tien bébé au regard si malin. Je ne comprends guère ta présence ; veux-tu que je te félicite de ta santé ? En admettant que tu saches déjà parler, dis à ta mère que je la félicite, un bébé vraiment propre et soigné. Tu ris ? tu ris de moi, comme font les grandes personnes : serais-tu aussi le diable comme elles sont déjà le diable à ton âge ? et tu n'as pas quatre ans ?

SUBLIME ESCLAVE TORDU

Le beau chien danois que j'avais !

Un jour, j'ai vu mon domestique qui l'avait attaché au mur, il le frappait dur comme fer à coups de fouet à lui enlever la peau. Qui ne se serait indigné ? Mais moi je pensais : « Voilà comme nous faisons souffrir le sublime Prisonnier de l'Hostie. Quand vous êtes prisonnier dans notre corps, vous êtes témoin de nos crimes. Vous êtes attaché dans nous, ô mon Dieu, et nos fautes vous frappent à coups de fouet. Oui, nous vous frappons vraiment comme mon domestique a frappé le chien attaché. Seigneur, pardonnez cette image. »

LE TAMBOUR DE VILLE

Il a été perdu une belle âme à l'état de neuf, la rapporter à Dieu son propriétaire.

★★★

LA MORT

Comme le lait tourne par l'orage, l'enveloppe chaude tourne digérée par l'eau sale.

SAINT SÉPULCRE

Et parmi le ciment, tout blanc comme du sucre, le ciment pour sceller un sépulcre, appuyé, un corps nu, c'était le corps de Dieu.

« Je suis né près des bestiaux, mort près des gâcheux. »

L'EXISTANT DE KIERKEGAARD

En haut du rempart de la Jérusalem céleste, c'est de mon moi, c'est de mon âme qu'il s'agit, j'ai un étroit balcon dans les créneaux. C'est de là que je contemple les scènes de la passion, et dans mon exultation, je sonne de la trompette. La trompette porte un crêpe noir et mon shako est noir et blanc. En haut du rempart de la Jérusalem ! Là où je suis, moi, clou et œuf. Mon moi n'est pas ton toit, c'est mon oie. Alléluia !

LES ÉTOILES

Au Dieu qui dispense les étoiles et assez de force pour les atteindre, les étoiles des puits, les étoiles du ciel, je dédie cette vision. Maintenant, ô Dieu, jette ton regard sur la rue des gentilshommes dans ma ville. Par toutes les saisons, j'ai contemplé ses vieux balcons proches du pavé. L'été dorait les lourdes portes cintrées jamais ouvertes. L'hiver noircissait ses hautes fenêtres aux rideaux verdis.

Au Dieu qui dispense la résistance, je dédie les jeunes gens éminents qui passent dans ma vision et dans la rue des gentilshommes. Aux yeux de la Mort et de la Renommée, ils ne sont plus rien, pas même une figure, pas même un nom. L'un portait un grand front et un échafaud de cheveux, un autre le souci des sciences qui crispent les paupières, un autre traînait les longs doigts d'un musicien, un autre supportait les épaules d'un négociant. Il y en avait beaucoup. Un seul était très laid et celui-là était heureux.

Au Dieu qui dispense les étoiles je dédie l'aventure de ces hommes. Comme une mouche taquine un travailleur le corps nu d'une femme apparaissait à l'un, puis au second, puis à chacun ! et l'amour éveillait leur sourire. Le sourire de celui qui voyait le corps nu sous les balcons de la rue des gentilshommes. Un jour le plus laid de tous se changea en fantôme et se pendit. Malheureux jeunes gens ! les voici bien vieillis : ils ont de grosses rides et cette résignation qui n'est pas la Sagesse. N'y en a-t-il pas un qui ait touché une étoile ? Oh ! des étoiles tant qu'on veut ! mais la Sagesse est un soleil.

MORT

Est-ce par le respect ou par l'âge que l'échine était crossée vers les dalles ?

« La mer : ah ! l'on respire ! » dit-il quand la tête eut touché les genoux, prosternée.

Des diamants aux oreilles, lui, prêtre, il a campé toute sa vie aux feutres de l'autel. Presque mourant la nuit, nourri de l'Hostie Sainte aux crépuscules du matin.

Les langes des surplis devenant verts ou dorés, selon la liturgie, rouges ou noirs ou violets. Berger céleste, ramenez-lui les esprits vagabonds. Les rides de ses joues lézardaient lentement le mur de la jeunesse. Ramenez les esprits vagabonds, berger céleste, ramenez.

La mer, ah ! l'on respire, voici les fleuves du Paradis : les reflets des nuages envahissent le reflet de l'azur. Quoi ! des régates ici ? on dirait des régates ! ma foi ! mais non ! Ce sont les morts de la journée sur terre. Cette batellerie en est encore à la godille. Tiens ! on approche ! voyez les grands débarcadères blancs ! Bénarès ? c'est la Jérusalem céleste. « La paix soit avec vous éternellement », disent Messieurs les philosophes.

Était-ce la peine de quitter mon église pour qu'on me mène dans celle-ci qui est toute pareille ? Ah ! mon Dieu ! c'est vous ? et non plus votre grise effigie. Pardon !

Cependant en bas dans notre fourmilière le pauvre orgueil des cloches poussait le noir et blanc d'un cortège honoré. « Un saint ! c'était un saint ! » disaient les discours et les journaux.

L'ANTIQUE CHATEAU

Je ne savais pas, je ne savais pas qu'il y eût un château à cet endroit-là, un antique château.

Je ne savais pas, je ne savais pas qu'il y eût un bras de mer, un bras de mer bordé de noir comme une lettre de deuil.

Je me souvenais seulement des hautes falaises qui cachent l'horizon comme une défense de voir davantage, comme une défense de pénétrer du regard dans un invisible paradis.

L'antique château, l'antique château est habité par-ci par-là : un pavillon et quatre chaises, des bouts de jardins cultivés, et, entre la statue du Désespoir et celle de l'Espérance, une petite fille très belle, habillée de toile blanche, et qui saute à la corde.

Tout au bord du bord est la blanche mer encadrée de noir comme lettre en deuil. Tout au bord du bord les rochers de mer, et le vert du vert dans les anciens jardins.

Je ne savais pas qu'il y eût un château à cet endroit-là, pavillon du garde et chaises de paille. Tout au bord du fond sont larges falaises : ton œil n'ira pas plus loin que le ciel, la falaise au fond, la marche du ciel.

LA MORT

Le corps gelé dans le charnier du monde qui lui rendra la vie pour l'en faire sortir ?

La montagne du charnier est sur mon corps qui dégagera la vie pour l'en faire sortir ?

Comme un nuage d'abeilles s'avancent les yeux, les yeux d'Argus ou ceux du mouton de l'Apocalypse.

Le nuage a fondu le charnier de mon corps. Place, m'entendez-vous, place à l'arrivée douce du Seigneur.

Bref le corps n'est plus qu'un dessin léger, les yeux du nuage aussi sont évanouis.

A peine s'il reste l'étendue d'un beefsteack, une tache de sang et quelques débris de marbre pour rappeler un nom oublié.

La rivière de ma vie est devenue un lac. Ce qui s'y reflète n'est plus que l'amour. Amour de Dieu, amour en Dieu.

Un mur ! une montagne est un mur dont la racine se perd dans une terrible nuit. Le mur est couvert de peupliers centenaires aux racines étrangères. Un feu d'artifice ou quelque incendie illumina la grande ombre et les peupliers de la gloire furent ensanglantés.

MON AME

Combien sur cette Butte Montmartre, avant le dôme du Sacré-Cœur, combien de pagodes, d'idoles de temples, de chapelles d'églises et même de couvents. Sans parler des immeubles de rapport tout neufs et déjà démolis. Que tu règnes maintenant sans conteste, Basilique blanche.

Combien, boulevard de Clichy, autour des voitures des quatre-saisons, combien de femmes qui n'osent manifester leurs hommes ! même celles égarées dans ce quartier : la petite pâlotte que les insuccès aux examens avaient anémiée, la noble dame au profil impérieux et d'autres qui déploraient n'être que chair sans charpente. Que tu règnes, maintenant sans conteste, ô Vierge qui n'as d'autre bouclier que le voile de Ta Bonté.

***

Quand, du vaisseau de hauts bords le soleil levant eut éclairé l'ombre sur la mer, on y vit des centaines de barques dont les filets ruisselèrent de diamants éveillés par l'aurore.

L'AME AGITÉE REFAIT LE CIEL

J'ai vu le Seigneur sous les eaux d'une rivière. La rivière était transparente. La robe était sombre mais elle n'était ni souillée ni mouillée. Un coquillage ombreux dans mes mains, un coquillage perlier... que signifie ce symbole ? et toi, naïade endormie, n'es-tu pas la figure de mon âme ? Mon âme paresseuse est cette naïade ! quand elle s'éveilla la Robe du Seigneur se couvrit d'arabesques ; le Seigneur se tourna, se retourna comme un nageur et Son Regard daignait atteindre le mien sur le rivage. Donc tu revivais nature céleste, selon que jaillissait mon âme ? L'enfilade paisible des vagues sous des arbres de Paradis bouillait sur le sable. Le coquillage brilla doucement dans ma main et je m'aperçus que les perles rougissaient comme des rubis.

LA VIE ET L'ŒUVRE DE MAX JACOB

Max Jacob est né le 11 juillet 1876 à Quimper, d'une famille israélite venue de Lorraine au début du XIXe siècle. Son père était tailleur-brodeur.

La vie et l'œuvre du poète garderont l'empreinte d'une enfance et d'une adolescence vécues au cœur d'une Bretagne riche en légendes et profondément catholique.

A la fin du siècle, il est à Paris, où il exerce tous les métiers : clerc d'avoué, employé de commerce, professeur de piano, critique d'art, peintre, etc.

Lié en 1901 avec Picasso, puis peu après avec Apollinaire et André Salmon, il fut introduit par eux dans la bohème montmartroise, dont il demeure une des figures les plus curieuses.

En septembre 1909, dans sa chambre de la rue Ravignan, « ce fut Dieu qui vint »... « ... Quelle beauté ! élégance et douceur ! Ses épaules, sa démarche ! Il a une robe de soie jaune et des parements bleus. Il se retourne et je vois cette face paisible et rayonnante... »

Il se convertit dès lors au catholicisme mais dut attendre plus de cinq ans son baptême. On épilogua longtemps sur la sincérité de sa conversion car elle n'abolit point dans l'œuvre du poète les hasards savamment concertés de ces coups de dès où le lyrisme, la jonglerie verbale, l'humour, la sensibilité la plus fraîche se donnent constamment rendez-vous.

A partir de 1921, et durant six ans, il vit en retraite à Saint-Benoît-sur-Loire, s'astreignant à la vie religieuse. Son séjour est coupé de brefs voyages en Italie, en Espagne, en Bretagne. Il revient s'installer à Paris, rue Nollet, mais assez tôt se hâte de regagner sa retraite, y vivant de la vente de ses gouaches et de ses dessins.

Avec la guerre son mysticisme s'accroît. Les persécutions antijuives, la mort de son frère, l'arrestation et la déportation de sa sœur, tout préparait Max Jacob à sa fin tragique : « Je mourrai martyr. » Le 24 février 1944, à la sortie de la messe du matin qu'il venait de servir à la crypte de la basilique, la Gestapo l'arrête. Il meurt le 5 mars au camp de Drancy.

D'une œuvre relativement abondante, nous donnons ci-dessous un tableau assez complet mais qui ne se prétend nullement exhaustif.

1903 *Le Roi Kaboul et le marmiton Gauvin.* Livre de prix pour les écoles (Picard et Kahn), 1951 (Les Amis de Max Jacob).

1904 *Le Géant du Soleil.* Conte pour les enfants (Librairie Générale).

1911 *Saint Matorel* (Kahnweiler), 1936 (Gallimard).
La Côte. Chants bretons (chez l'auteur).

1912 *Les Œuvres burlesques et mystiques de frère Matorel, mort au couvent de Barcelone* (Kahnweiler).

1914 *Le Siège de Jérusalem.* Drame céleste (Kahnweiler).

1917 *Le Cornet à dés.* Poèmes en prose (chez l'auteur), 1945 (Gallimard).

1918 *Le Phanérogame.* Roman (chez l'auteur).

1919 *La Défense de Tartufe.* Extase, remords, visions, prières, poèmes et méditations d'un Juif converti (Société littéraire de France), 1964 (Gallimard).

1920 *Le Cinématoma.* Fragments de mémoires des autres (La Sirène), 1929 (Gallimard).

1921 *Dos d'Arlequin.* Fantaisie dramatique ; illustré par l'auteur (Kra).
Le Laboratoire central. Poèmes (Au Sans-Pareil), 1960 (Gallimard).

Le Roi de Boétie. Nouvelles (Gallimard).

1922 *Le Cabinet noir.* Lettres (Gallimard). Édition augmentée, 1928 (Gallimard).

Art poétique (Émile-Paul).

Le Terrain Bouchaballe. Roman (Émile-Paul), 1964 (Gallimard).

Filibuth ou La Montre en or. Roman (Gallimard).

1923 *La Couronne de Vulcain.* Fantaisie (Galerie Simon).

1924 *Visions infernales* (Gallimard).

L'Homme de chair et l'homme reflet (Gallimard).

1925 *Les Pénitents en maillots roses.* Poèmes (Kra).

1926 *Le Nom.* Nouvelle (La Lampe d'Aladin, Liège).

1927 *Fond de l'eau.* Poèmes (Éditions de l'Horloge, Toulouse).

1928 *Visions des souffrances et de la mort de Jésus, Fils de Dieu.* Quarante dessins de Max Jacob (Les Quatre-Chemins).

1929 *Sacrifice impérial.* Poèmes (Émile-Paul).

Tableau de la bourgeoisie. Illustré par l'auteur (Gallimard).

1931 *Rivage.* Poèmes (Les Cahiers libres).

1932 *Bourgeois de France et d'ailleurs* (Gallimard).

1938 *Ballades* (René Debresse).

1945 *Conseils à un jeune poète* suivis de *Conseils à un étudiant* (Gallimard).

Derniers poèmes en vers et en prose (Gallimard).

1946 *Lettres inédites du poète à Guillaume Apollinaire* (Éd. Seghers).

L'Homme de cristal (La Table ronde), 1967 (Gallimard).

1947 *Méditations religieuses* (Gallimard).

1949 *Miroir d'astrologie* (en collaboration avec Claude Valence) (Gallimard).

1950 *Choix de lettres à Jean Cocteau.* 1919-1944 (P. Morihien).

1953 *Correspondance.* Recueillie par François Garnier (Éditions de Paris).

Poèmes de Morven le Gaélique (Gallimard).

1954 *Théâtre I. Un amour du Titien. La Police napolitaine.* Collection « Les Cahiers de Max Jacob ».

1955 *Le Cornet à dés,* II (Gallimard).

1956 *Correspondance,* t. II : *Saint-Benoît-sur-Loire.* 1921-1924 (Éditions de Paris).

1958 *Lettres aux Salacrou.* Août 1923-janvier 1926 (Gallimard).

Poèmes en vers

Poèmes en prose

DU MÊME AUTEUR

Dans la même collection

LE CORNET A DÉS. *Préface de Michel Leiris.*

LE LABORATOIRE CENTRAL. *Préface d'Yvon Belaval.*

DÉJÀ PARUS DANS LA COLLECTION

1. Paul Éluard — *Capitale de la douleur.*
2. Federico Garcia Lorca — *Poésies, 1921-1927.*
3. Stéphane Mallarmé — *Poésies.*
4. Guillaume Apollinaire — *Calligrammes.*
5. Paul Claudel — *Cinq grandes Odes.*
6. Paul Valéry — *Poésies.*
7. Aragon — *Le Roman inachevé.*
8. Raymond Queneau — *L'Instant fatal.*
9. Jules Supervielle — *Gravitations.*
10. Guillaume Apollinaire — *Alcools.*
11. André Breton — *Clair de terre.*
12. Valery Larbaud — *Les Poésies de A. O. Barnabooth.*
13. Pierre Jean Jouve — *Les Noces*
14. Saint-John Perse — *Éloges* suivi de *La Gloire des Rois, Anabase, Exil.*
15. René Char — *Fureur et mystère.*
16. Francis Ponge — *Le parti pris des choses.*
17. Blaise Cendrars — *Du monde entier.*
18. Paul Éluard — *La Vie immédiate.*
19. Jean Cocteau — *Le Cap de Bonne-Espérance.*
20. Federico Garcia Lorca — *Poésies, 1921-1922.*

21. Patrice de La Tour du Pin *La Quête de joie.*
22. André Pieyre de Mandiargues *L'Age de craie.*
23. Francis Jammes *Le Deuil des primevères.*
24. André Frénaud *Il n'y a pas de paradis.*
25. Max Jacob *Le Cornet à dés.*
26. Léon-Paul Fargue *Poésies.*
27. Robert Desnos *Corps et biens.*
28. Tristan Tzara *L'homme approximatif.*
29. Blaise Cendrars *Au cœur du monde.*
30. Federico Garcia Lorca *Poésies, 1926-1936.*
31. Jacques Audiberti *Race des hommes.*
32. Jean Tardieu *Le fleuve caché.*
33. Antonin Artaud *L'Ombilic des Limbes.*
34. Guillevic *Terraqué.*
35. Charles Péguy *Les Tapisseries.*
36. Saint-John Perse *Vents* suivi de *Chronique.*
37. André Breton *Signe ascendant.*
38. René Char *Les Matinaux.*
39. Paul Éluard *Poésie ininterrompue.*
40. Michel Leiris *Haut mal.*
41. Jules Supervielle *Le forçat innocent.*
42. Robert Desnos *Fortunes.*
43. Benjamin Péret *Le grand jeu.*
44. Guillaume Apollinaire *Poèmes à Lou.*
45. Jean Grosjean *La Gloire.*
46. Henri Pichette *Les Épiphanies.*
47. Raymond Queneau *Chêne et chien.*
48. Jean Follain *Exister.*
49. Georges Schehadé *Les Poésies.*
50. Pierre Reverdy *Plupart du temps, I.*
51. Pierre Reverdy *Plupart du temps, II.*

52. Yves Bonnefoy — *Du mouvement et de l'immobilité de Douve.*
53. Saint-John Perse — *Amers* suivi de *Oiseaux.*
54. Aragon — *Le Mouvement perpétuel.*
55. Paul Valéry — *Eupalinos.*
56. Henri Thomas — *Poésies.*
57. Guillaume Apollinaire — *Le Guetteur mélancolique.*
58. Armand Robin — *Ma vie sans moi.*
59. Aimé Césaire — *Les armes miraculeuses.*
60. Claude Roy — *Poésies.*
61. Louise de Vilmorin — *Poèmes.*
62. Pierre Jean Jouve — *Diadème.*
63. René Daumal — *Le Contre-Ciel.*
64. Paul Claudel — *Poésies.*
65. Paul Éluard — *Poésies 1913-1926.*
66. Léon-Paul Fargue — *Épaisseurs* suivi de *Vulturne.*
67. Roger Caillois — *Pierres.*
68. Francis Jammes — *De l'Angelus de l'aube à l'Angelus du soir.*
69. Maurice Fombeure — *A dos d'oiseau.*
70. Rabindranath Tagore — *L'Offrande lyrique.*
71. Philippe Jaccottet — *Poésie 1946-1967.*
72. Pierre Reverdy — *Sources du vent.*
73. Francis Ponge — *Pièces.*
74. André Breton et Philippe Soupault — *Les champs magnétiques.*
75. Octavio Paz — *Liberté sur parole.*
76. Jacques Dupin — *L'embrasure.*
77. René Char — *Recherche de la base et du sommet.*
78. Charles Cros — *Le Coffret de santal.*
79. Charles Cros — *Le Collier de griffes.*
80. Guillaume Apollinaire — *L'Enchanteur pourrissant.*

81.	Jean Tardieu	*La part de l'ombre.*
82.	Georges Limbour	*Soleils bas.*
83.	Pablo Neruda	*Résidence sur la terre.*
84.	Michel Butor	*Travaux d'approche.*
85.	Charles Baudelaire	*Les Fleurs du Mal.*
86.	Hölderlin	*Hypérion.*
87.	Arthur Rimbaud	*Poésies, Une saison en enfer, Illuminations.*
88.	Lautréamont	*Œuvres complètes.*
89.	Alfred de Vigny	*Poèmes antiques et modernes, Les Destinées.*
90.	Michel Deguy	*Poèmes 1960-1970.*
91.	Victor Hugo	*Les Contemplations.*
92.	Tristan Corbière	*Les Amours jaunes.*
93.	Paul Verlaine	*Fêtes galantes, Romances sans paroles* précédé de *Poèmes saturniens.*
94.	Paul Morand	*Poèmes.*
95.	Charles Baudelaire	*Petits Poëmes en prose.*
96.	François Villon	*Poésies.*
97.	Victor Segalen	*Stèles.*
98.	Toukârâm	*Psaumes du pèlerin.*
99.	Marguerite Yourcenar	*Fleuve profond, sombre rivière.*
100.	Gérard de Nerval	*Poésies et Souvenirs.*
101.	Paul Éluard	*Le livre ouvert.*
102.	Paul Valéry	*La Jeune Parque.*
103.	Paul Claudel	*Connaissance de l'Est.*
104.	Pierre de Ronsard	*Les Amours.*
105.	Jean de La Fontaine	*Fables,* livres I à VII.
106.	Jean de La Fontaine	*Fables,* livres VIII à XII.
107.	Dante	*Vita Nova.*
108.	Virgile	*Énéide.*

109. Joachim Du Bellay — *Les Regrets, Les Antiquités de Rome.*
110. William Shakespeare — *Sonnets.*
111. Paul Verlaine — *Sagesse, Amour, Bonheur.*
112. Robert Desnos — *Destinée arbitraire.*
113. Stéphane Mallarmé — *Igitur, Divagations, Un coup de dés.*
114. Aragon — *Les Poètes.*
115. Alfred de Musset — *Premières Poésies, Poésies nouvelles.*
116. Francis Ponge — *La rage de l'expression.*
117. Pablo Neruda — *Mémorial de l'Ile Noire* suivi de *Encore.*
118. Victor Hugo — *Les Châtiments.*
119. Alfred Jarry — *Les Minutes de sable mémorial, César-Antechrist.*
120. Guillevic — *Sphère.*
121. Rainer Maria Rilke — *Vergers.*
122. Paul Éluard — *Donner à voir.*
123. *** — *Anthologie de la poésie japonaise classique.*
124. René Char — *Le Nu perdu.*
125. Marguerite Yourcenar — *Présentation critique de Constantin Cavafy (1863-1933).*
126. Octavio Paz — *Versant Est.*
127. Guillaume Apollinaire — *Le Poète assassiné.*
128. Cesare Pavese — *Travailler fatigue, La mort viendra et elle aura tes yeux.*
129. Jules Laforgue — *Poésies complètes,* I.
130. Jules Laforgue — *Poésies complètes,* II.
131. Paul-Jean Toulet — *Les Contrerimes.*

132. Paul Verlaine — *La Bonne Chanson, Jadis et naguère, Parallèlement.*

133. André Pieyre de Mandiargues — *Le point où j'en suis.*

134. Rabindranath Tagore — *Le Jardinier d'amour.*

135. Francis Ponge — *Lyres.*

136. Aloysius Bertrand — *Gaspard de la Nuit.*

137. Aragon — *Le Crève-cœur.*

138. Novalis — *Les Disciples à Saïs, Hymnes à la Nuit.*

139. Max Jacob — *Le Laboratoire central.*

140. Pier Paolo Pasolini — *Poésies 1953-1964.*

141. Victor Hugo — *Odes et Ballades.*

142. Francis Jammes — *clairières dans le Ciel.*

143. Alfred Jarry — *Gestes et opinions du Docteur Faustroll, L'Amour Absolu.*

144. Antonio Machado — *Champs de Castille.*

145. Alphonse de Lamartine — *Méditations poétiques.*

146. Joë Bousquet — *La Connaissance du Soir.*

147. Giuseppe Ungaretti — *Vie d'un homme.*

148. Jacques Audiberti — *Des Tonnes de semence, Toujours.*

149. Germain Nouveau — *La Doctrine de l'Amour.*

150. Raymond Queneau — *Courir les rues, Battre la campagne, Fendre les flots.*

151. Victor Hugo — *Les Orientales. Les Feuilles d'automne.*

152. Pierre Reverdy — *Ferraille.*

153. José-Maria de Heredia — *Les Trophées.*

154. Théophile Gautier — *Émaux et Camées.*

155. Ossip Mandelstam — *Tristia.*

156. *** — *Anthologie de la poésie chinoise classique.*

157. Paul Éluard — *Une leçon de morale.*
158. Yves Bonnefoy — *Poèmes.*
159. Giacomo Leopardi — *Canti.*

Ce volume,
le cent soixantième de la collection Poésie
composé par SEP 2000
a été achevé d'imprimer par
l'imprimerie Bussière
à Saint-Amand (Cher)
le 26 mars 1982.
Dépôt légal : mars 1982.
Imprimé en France (766).

30254